U0926831

# 中国企业文化管理测评标准 2.0

中国文化管理学会
企业文化管理专业委员会 编著

国家图书馆出版社

**图书在版编目（CIP）数据**

中国企业文化管理测评标准 2.0 / 中国文化管理学会企业文化管理专业委员会编著 .—北京：国家图书馆出版社，2012.7

ISBN 978-7-5013-4822-0

Ⅰ . ①中…　Ⅱ . ①中…　Ⅲ . ①企业文化 - 企业管理 - 标准 - 中国

Ⅳ . ① F279.23-65

中国版本图书馆 CIP 数据核字（2012）第 165499 号

责任编辑　殷梦霞　南江涛

书　　名　中国企业文化管理测评标准 2.0
著　　者　中国文化管理学会企业文化管理专业委员会　编著

---

出　　版　国家图书馆出版社（100034 北京市西城区文津街 7 号）
发　　行　(010) 66139745，66175620，66126153
　　　　　66174391（传真），66126156（门市部）
E-mail　btsfxb@nlc.gov.cn（邮购）
Website　www.nlcpress.com（投稿）
经　　销　新华书店
印　　刷　河北三河弘翰印务有限公司

---

开　　本　710 × 1000 毫米　1/16
字　　数　200 千字
印　　张　13.5
版　　次　2012 年 7 月第 1 版　2012 年 7 月第 1 次印刷

---

书　　号　ISBN　978-7-5013-4822-0
定　　价　38.00 元

# 编辑委员会

（排名不分先后）

# 目 录



## 全国企业文化示范基地风采



## 全国企业文化优秀案例精选

# 前 言

党的十七届六中全会指出，当今世界正处在大发展大变革大调整时期，世界多极化、经济全球化深入发展，各种思想文化交流交融交锋更加频繁，文化在综合国力竞争中的地位和作用更加凸显，增强国家文化软实力和中华文化国际影响力的要求更加紧迫。时代需要我们以高度的文化自觉和文化自信，不断提高全民族文化素质，努力实现建设社会主义文化强国的战略目标。

建设社会主义文化强国，首先就是要着力推动社会主义先进文化更加深入人心，建设中华民族共有精神家园，为人类文明进步作出更大贡献。在这样的大背景下，人们对加强企业文化建设的重要性和必要性的认识也越来越深刻。但是由于缺乏可操作性的测评标准，使得企业文化建设缺少前瞻性和规范性。为了适应企业文化建设发展的新需求，国家文化部、民政部批准成立了中国文化管理学会企业文化管理专业委员会（简称“中国企业文化管理专业委员会”），承担为各企事业单位建立和完善企业文化体系、保持和提升企业文化品质、巩固和提高企业文化建设水平等提供学术支持和实践指导等任务。通过制定和发布企业文化管理测评标准、开展企业文化管理测评、著名企业文化专家调研等形式，不断提高全国企业文化建设能力和水平，以保持我国企业文化建设的科学性与先进性。

中国企业文化管理专业委员会拥有来自中国科学院、中国社会科学院、国家行政学院、北京大学、清华大学、中国人民大学、南开大学、首都经贸大学、北京交通大学等权威学者教授以及来自国际经济文化发展中心和各大企业集团的实战专家等国内外专家委员近200人，强大的学术研究和实践优势能够适应全国各企事业单位文化发展需要，并在国际企业文化学术研究、实践发展和成果发布等方面处于领先地位。

中国企业文化管理专业委员会成立以来，始终坚持以邓小平理论和“三个代表”重要思想为指导，认真贯彻落实科学发展观，以“打造高端文化平台，助力千行百业成功”为己任，履行职责，担当使命，在制定测评标准、开展岗位培训、咨询指导服务、举办专题论坛、加强人才管理、出版理论专著等方面都取得了阶段性成果，其中重要成果之一就是经我国权威企业文化专家委员多次论证修订，制定出我国第一部具有可操作性和权威性的企业文化管理测评标准。

2011 年 11 月 24 日，中国文化管理学会企业文化管理专业委员会在北京钓鱼台国宾馆召开“2011 中国企业文化管理年会暨《中国企业文化管理测评标准 2.0》发布会”，中共中央统战部、国家文化部、国务院政策研究室、国务院国资委、国家质量技术监督总局等有关部委办相关领导和我国企业文化著名专家学者出席会议并讲话，来自济南国资委、中国出版集团、大庆油田、胜利油田、大唐电信集团、五粮液集团、蒙牛集团、全聚德集团、中铁系统、河北冀中能源集团、包商银行、北京现代等党政机关、各大企业的领导和会员单位代表参加会议。大会正式发布受到广泛关注的《中国企业文化管理测评标准 2.0》（简称 COCS 标准 2.0）。相对于 COCS 标准 1.0 版本，升级后的 COCS 标准 2.0 坚持“系统化、科学化、规范化”的原则，主要在以下方面进行了修订：一是扩展了测评术语的层级和范围；二是简化了测评适用形式；三是完善了定性测评与定量测评相结合的测评方法；四是增加了企业文化专业人才评价标准；五是设立测评经典案例库；六是加强了过程控制程序；七是设计了更实用的工具和计算公式；八是扩大了测评核心文件容量。COCS 标准 2.0 全面提升了企业文化管理测评的指导性、严谨性和可操作性。制定和实施企业文化管理测评标准的目的是立足于我国企业文化实际，吸纳当今企业文化先进理念，大力推进企业文化管理测评工作，积极促进我国企业文化健康发展。

《中国企业文化管理测评标准 2.0》正式出版发行是我国企业文化界的一件大事，在此特别感谢中华人民共和国文化部有关领导的关怀与鼓励！感谢中国文化管理学会和国家图书馆有关领导的重视与支持！感谢参与 COCS 标准 2.0 升级修订工作的各位专家学者的辛勤劳动！感谢为版本升级提供调研样本的各企事业单位！中国企业文化管理专业委员会将不断推进全国企业文化管理测评工作，总结经验，摸索规律，增强企业文化测评的科学性；找出问题，改进工作，增强企业文化测评的指导性；推荐先进，树立典型，增强企业文化测评的激励性；宣传群众，培养骨干，增强企业文化测评的先进性；加强联系，提供服务，增强企业文化测评的实效性。

本书共分三个部分，第一部分是测评标准文件，可应邀提供COCS标准2.0相关知识培训；第二部分是全国组织文化建设和企业文化建设示范基地风采展示，推介测评优秀成果，树立学习赶超样板；第三部分是全国部分企业优秀案例精选，专家精彩点评，引发思考探索。相信一定能为各企事业单位企业文化建设提供可资借鉴的有用信息。

我们深知，COCS 标准 2.0 的实施需要全国各企事业单位和社会各界的大力支持，我们愿意与各位企业家和各级企业管理者、国内外有关专家学者以及所有致力于企业文化研究和实践的朋友们携手前行，进一步促进全国企业文化建设，为建设社会主义文化强国做出新的更大的贡献！

编　者

# 中国企业文化管理测评标准 2.0

（试行）

## 术 语

0 下列术语和定义适用于本标准：

0.1 **中文全称**：中国企业文化管理测评标准 2.0

0.2 **英文全称**：China organizational culture management evaluation standard 2.0

0.3 **中文简称**：企业文化管理测评标准

0.4 **英文简称**：COCS

0.5 **中英文简称**：COCS 标准

### 0.6 组织

本标准中“组织”是指在中国境内，依照法定程序批准建立的具有独立法人资格或法人授权管理的正式机构或正式团体，包括政府机关、社会团体、社区、院校和各类企事业单位。

### 0.7 组织文化

本标准中“组织文化”是指为组织成员普遍认可和遵循的具有本组织特色的价值观念、团体意识、工作作风、行为规范和思维方式，是组织物质财富与精神财富的总和。

### 0.8 行业

本标准中“行业”是指从事国民经济中同性质的生产或其他经济社会的经营单位或者个体的组织结构体系，按生产同类产品或具有相同工艺过程或提供同类劳动服务划分的经济活动类别。

### 0.9 行业文化

本标准中“行业文化”是指一定行业在长期发展过程中积淀形成的价值理念、管理制度、行规行则、处置原则和道德规范的总和。本标准中行业文化的实体对象包括国家行业分类中所有行业文化形态。

### 0.10 企业

本标准中“企业”是指按照国家有关现代企业制度依法建立的，以商品或劳务满足市场需求，独立核算、承担民事责任、享有民事权利和承担民事义务的经济组织。

### 0.11 企业文化

本标准中“企业文化”是指企业共有的核心价值观、最高目标、管理理念、行为规范和企业形象识别体系的集合，是企业物质财富与精神财富的总和。

### 0.12 企业文化建设

本标准中“企业文化建设”是指在企业文化总体框架下，围绕企业目标，依照企业核心价值观，运用企业管理理念对企业相关工作实行文化管理的状态和过程，包括企业文化理念的提炼、形成、传播等过程的全部工作。

### 0.13 企业文化管理

本标准中“企业文化管理”是指为了实现企业文化建设预期目标所制定的组织架构、总体谋划和基本策略，包括不断提升企业文化实用性和有效性所开展的以人为中心的全部协调活动。

### 0.14 企业文化管理模式

本标准中“企业文化管理模式”是指企业文化管理理念、系统结构、管理制度和管理体系以及操作方法的标准化管理形式。

### 0.15 企业文化管理测评

本标准中“企业文化管理测评”是指依据 COCS 标准有关程序，对企业文化管理的适应性、完善性、有效性、科学性和规范性等进行调查研究、测定评估和模式认定的全过程。

### 0.16 企业文化子文化

本标准中“企业文化子文化”（简称“企业子文化”）是指相对于企业主文化的次级文化形态，是企业文化在企业管理各领域的具体化运用，是企业文化的应用、延伸、补充和完善。主要包括和谐文化、决策文化、诚信文化、责任文化、品牌文化、科技文化、安全文化、质量文化、创新文化、服务文化、环境文化、绿色文化、廉洁文化以及部门文化、车间文化、班组文化等。

**0.17 企业文化子文化系统**

本标准中“企业文化子文化系统”（简称“企业子文化系统”）是指企业文化管理中既具有差异性，又具有相关性，相互依存、相互作用、相互制约的企业子文化集合，是企业文化体系的有机组成部分。

**0.18 企业专项文化**

本标准中“企业专项文化”是指既与企业主文化融为一体，相辅相成，又具有相对独立领域和明确指向的文化形态。如网络文化、红色文化、企业形象管理系统等。

**0.19 定性测评与定量测评**

本标准中“定性测评”是指采取经验判断和观察评价的方法，对企业文化的性质、特点、状态作出判断的一种测评方法。

本标准中“定量测评”是指采用数理统计和数值分析的方法，对企业文化可量化指标与管理状态作出判断的一种测评方法。

定性测评与定量测评是相互补充、相辅相成的关系。现代定性测评方法同样要采用数学工具进行计算，而定量测评则必须建立在定性测评基础之上，COCS 标准采用定性测评和定量测评相结合的方法以保证测评结论的客观性、准确性和公正性。

**0.20 严重不符合项**

本标准中“严重不符合项”是指在企业文化测评过程中发现企业近两年存在或突发重特大安全责任事故、产品质量事故、违法违纪案件、经济或刑事案件等否定事件。

## 第一部分 总则

### 1. 目的

文化是民族的血脉，是人民的精神家园。为深入学习实践科学发展观，不断提升国家文化软实力，围绕社会主义核心价值观，更加自觉、更加主动地推动社会主义文化大发展大繁荣，认真开展企业文化管理测评工作，大力推进我国企业文化建设，积极促进企业健康可持续发展，特制定本标准。

**2. 指导思想**

坚持以马列主义、毛泽东思想、邓小平理论和“三个代表”重要思想为指导，全面贯彻落实科学发展观，努力准确把握我国经济社会发展新要求、当今时代文化发展新趋势和企业员工精神文化生活新期待，创建中国特色企业文化管理测评标准，进一步规范全国企业文化管理工作，不断提升全国企业文化建设水平，为构建社会主义和谐企业提供强大文化动力和良好文化支撑，为建设社会主义文化强国而努力奋斗。

**3. 基本原则**

**3.1 适用性原则**：COCS 标准具有广泛的适用性，本标准适用于有下列愿望的企业：致力于自觉推进企业文化建设，规范企业文化流程，进一步提升企业文化建设水平，并寻求中国企业文化管理专业委员会会对其企业文化管理进行测评的企业。

**3.2 实践性原则**：COCS 标准强调突出的实践性，本标准的出发点和落脚点都是强调实事求是，一切从加强企业文化建设的实际需要出发，重在实践，不尚虚华，经过测评认定，夯实企业文化建设基础，围绕实现企业任务和目标开展企业文化建设。

**3.3 科学性原则**：COCS 标准追求严谨的科学性，本标准坚持求真务实，与时俱进，严格按照企业文化自身发展规律制定各项标准，并在实施过程中接受实际工作的检验，使各项程序文件更加贴近企业文化建设实际需要，更好地指导规范企业文化建设。

**3.4 系统性原则**：COCS 标准遵循完整的系统性，本标准坚持系统化、程序化管理，所有的程序文件都建立必要的操作性工具支持系统，使企业文化测评过程形成闭环，确保整体测评项目的完整性。

3.5 **规范性原则**：COCS 标准坚持工作程序的规范化，本标准旨在通过规范的方法和手段，经过严格的系列测评，实现企业文化建设的标准化、规范化、经常化，促使企业文化建设不断开创新局面。

3.6 **阶段性原则**：COCS 标准保持相对的阶段性，本标准坚持动态管理与静态管理相结合，既保持一定的前瞻性，又保持相对的稳定性，系统化运筹，阶段性推进，使 COCS 标准更加易于操作。

3.7 **有效性原则**：COCS 标准追求全过程的有效性，本标准坚持过程和效果的统一，在企业文化测评过程中，以是否有效作为判断准则，以促进企业文化建设在严格操作过程的同时，不断提高管理效果和员工满意度。

3.8 **符合性原则**：COCS 标准重视测评项目的符合性，实施本标准要求企业管理者必须承诺符合国家和所在地区的法律法规的根本性规则，并且不违背当地的民族风俗习惯和道德规范，保证测评结论的合理性和合法性。

## 4. 应用条件

4.1 企业高层管理者的文化自觉和文化自信，对企业文化建设的高度重视与大力支持；

4.2 企业文化管理机构健全，人员配置到位，企业文化建设经费落实；

4.3 企业文化理念体系较为完善，企业文化建设具有良好基础；

4.4 企业发展战略清晰，企业定位准确，企业业绩优异；

4.5 企业管理理念明确，管理基础扎实，管理制度健全；

4.6 经过专家培训与企业有关部门的宣传教育，各级管理者和企业成员对 COCS 标准有所了解认同。

## 5. 适用形式

实施 COCS 标准设置通用标准和简化标准等形式，申报企业可以根据实际需要选择不同测评形式。

5.1 **通用标准形式**：是申报企业选择 COCS 标准，对企业文化管理进行全面测评认定的基本标准化形式。

5.2 **简化标准形式**：是根据申报企业的需求对企业子文化、专项文化及其系统进行测评认定，以满足申报企业特定需要的标准化形式。

## 6. 预期效果

6.1 实施 COCS 标准测评有利于企业文化各项管理工作更加规范有效，极大提升企业文化建设的科学性、规范性、实效性；

6.2 实施 COCS 标准测评有利于及时准确地评估企业文化的特色和优势，提升企业文化建设能力与水平，把企业文化优势尽快转化为市场竞争优势，促进企业健康可持续发展；

6.3 实施 COCS 标准测评有利于及时准确地识别企业文化管理存在的缺陷和问题，增强企业文化管理自我改善能力，实现经常性的自我更新；

6.4 实施 COCS 标准测评有利于找出企业文化建设过程中存在的不符合项，并及时加以改进，不断增强企业文化建设的针对性；

6.5 实施 COCS 标准测评有利于协调企业各个部门之间的关系，提高企业文化建设的整体工作效能；

6.6 实施 COCS 标准测评能够巩固企业核心价值观，提高企业成员的归宿感和认同率，使企业上下同心同德，确保全面实现企业战略和企业愿景。

## 7. 中国企业文化管理测评工作的领导

经国家文化部、国家民政部共同批准，中国文化管理学会成立企业文化管理专业委员会（简称“中国企业文化管理专业委员会”），负责 COCS 标准的制定、颁布和实施，领导全国企业文化管理测评工作。

## 8. 中国企业文化管理测评专家委员会

中国企业文化管理专业委员会设立“中国企业文化管理测评专家委员会”（简称“企业文化专家委员会”），具体负责 COCS 标准的修订、COCS 标准的申报受理、COCS 标准的培训、COCS 标准的实施和测评认定等工作。

# 第二部分 中国企业文化管理测评标准 2.0 程序文件

## 一、COCS 标准企业测评认定程序文件

### （一）COCS 标准企业测评实施程序

#### 9. COCS 标准企业测评应用程序

COCS 标准从企业文化管理的系统性、完善性、实效性、先进性等方面，对企业文化管理状态进行定性测评和定量测评，同时对领导班子重视情况、员工满意度和用户满意度情况等进行考量，并确定不同权重给予测评认定。

**9.1 企业文化管理定性测评：**

9.1.1 测评分值设定：企业文化管理定性测评考核满分 100 分，设定四个项目，每个项目满分 25 分；二十个子项目，对应五种状态分值。

9.1.2 测评权重设定：企业文化管理定性测评权重 35%。

9.1.3 测评应用工具：《企业文化管理测评定性考核表》。

**企业文化管理测评定性考核表**

测表一 NO：

| 项 目 | 子项目 | 优秀 | 良好 | 一般 | 较差 | 很差 | 实得分 |
|---|---|---|---|---|---|---|---|
| | | 5 | 4 | 3 | 2 | 1 | |
| 企业文化理念体系（满分 25 分） | 完善性 | | | | | | 分 |
| | 适用性 | | | | | | |
| | 指导性 | | | | | | |
| | 领先性 | | | | | | |
| | 特色性 | | | | | | |
| 企业文化建设情况（满分 25 分） | 机构设置 | | | | | | 分 |
| | 人员配备 | | | | | | |
| | 宣传教育 | | | | | | |

续表

| 项　目 | 子项目 | 优秀 | 良好 | 一般 | 较差 | 很差 | 实得分 |
|---|---|---|---|---|---|---|---|
| | | 5 | 4 | 3 | 2 | 1 | |
| | 开展活动 | | | | | | |
| | 经费保障 | | | | | | |
| 企业文化规章制度（满分25分） | 健全性 | | | | | | 分 |
| | 规范性 | | | | | | |
| | 操作性 | | | | | | |
| | 有效性 | | | | | | |
| | 执行力 | | | | | | |
| 企业经营管理情况（满分25分） | 战略清晰 | | | | | | 分 |
| | 业绩优异 | | | | | | |
| | 创新管理 | | | | | | |
| | 环境和谐 | | | | | | |
| | 社会责任 | | | | | | |
| 定性考核测评满分：100分 | | | | 实得总分：　　分 | | | |
| 测评权重：35% | | | | 定性测评分：　　分 | | | |
| 测评专家签字：<br>年　月　日 | | | | | | | |

## 9.2 企业文化管理定量测评

9.2.1　测评分值设定：企业文化管理定量测评考核满分100分，设定一级指标四个类别，每个类别满分25分；二级指标二十项，每项二级指标满分5分，分别对应三种量化状态分值。

9.2.2　测评权重设定：企业文化管理定量测评权重35%。

9.2.3　测评应用工具：《企业文化管理测评定量考核表》。

## 企业文化管理测评定量考核表

测表二 NO：

| 一级指标 | 二级指标 | 分值 | 量化标准 | 实得分 | 测评依据 |
|---|---|---|---|---|---|
| 精神文化<br>满分：25 分<br>实得： 分 | 企业文化规划 | 5 | 制订下发规划，指导性、可操作性强。满分 5 分 | | 书面文本 |
| | | | 没有制订规划，但有年度工作安排文件。满分 3 分 | | |
| | | | 没有制订企业文化规划，工作临时安排。满分 1 分 | | |
| | 企业文化手册 | 5 | 编辑发行，内容规范，典雅大方。满分 5 分 | | 实物样本 |
| | | | 编辑发行，内容欠缺，不够规范。满分 3 分 | | |
| | | | 没有编辑《企业文化手册》。满分 1 分 | | |
| | 企业文化理念 | 5 | 核心理念体系健全，特色突出。满分 5 分 | | 书面文本 |
| | | | 核心理念体系较全，不够凝炼。满分 4 分 | | |
| | | | 核心理念体系不健全，存在缺陷。满分 2 分 | | |
| | 企业文化宣贯 | 5 | 有计划，多形式开展宣贯活动，效果优异。满分 5 分 | | 工作计划<br>活动记录 |
| | | | 经常开展专题宣传活动，效果良好。满分 4 分 | | |
| | | | 活动较少，内容与效果一般。满分 2 分 | | |
| | 企业识别系统 | 5 | 企业识别体系健全，应用规范。满分 5 分 | | 手册文本 |
| | | | 企业识别体系不健全或不规范。满分 3 分 | | |
| | | | 尚未建立企业识别体系。满分 1 分 | | |

续表

| 一级指标 | 二级指标 | 分值 | 量化标准 | 实得分 | 测评依据 |
|---|---|---|---|---|---|
| 制度文化<br>满分：25 分<br>实得：分 | 企业管理制度 | 5 | 建立企业文化管理专项制度，执行有效。满分 5 分 | | 书面文本 |
| | | | 建立企业文化管理专项制度，执行一般。满分 4 分 | | |
| | | | 没有企业文化管理专项制度，临时决定。满分 2 分 | | |
| | 员工行为规范 | 5 | 制定下发，执行有效。满分 5 分 | | 书面文本<br>现场调研 |
| | | | 制定下发，执行不力。满分 3 分 | | |
| | | | 没有制定员工行为规范。满分 1 分 | | |
| | 纳入考核体系 | 5 | 企业文化建设已经纳入企业管理考核体系。满分 5 分 | | 考核记录 |
| | | | 没有纳入企业管理考核体系，部门自行考核。满分 4 分 | | |
| | | | 没有纳入企业管理考核体系，没有专项考核。满分 1 分 | | |
| | 奖惩及时兑现 | 5 | 企业文化建设和企业管理考核一视同仁。满分 5 分 | | 汇报材料<br>工作记录 |
| | | | 没有奖惩标准，临时动议决定。满分 4 分 | | |
| | | | 没有企业文化奖惩办法，从不进行奖惩。满分 2 分 | | |
| | 经费保障 | 5 | 专项资金，足额到位。满分 5 分 | | 汇报材料<br>资金计划 |
| | | | 具体考虑，能够保障。满分 4 分 | | |
| | | | 经费紧张，无法保障。满分 1 分 | | |

续表

<table>
<tr><th>一级指标</th><th>二级指标</th><th>分值</th><th>量化标准</th><th>实得分</th><th>测评依据</th></tr>
<tr><td rowspan="15">行为文化<br>满分：25 分<br>实得：分</td><td rowspan="3">企业文化典型</td><td rowspan="3">5</td><td>树立企业文化先进典型，总结经验，并予表彰。满分 5 分</td><td></td><td rowspan="3">宣传资料<br>经验材料</td></tr>
<tr><td>没有单列，用精神文明建设先进的形式表扬。满分 4 分</td><td></td></tr>
<tr><td>企业文化建设目前还没有纳入企业表彰系列。满分 1 分</td><td></td></tr>
<tr><td rowspan="3">企业文化培训</td><td rowspan="3">5</td><td>按计划进行企业文化全员培训，并予以考核。满分 5 分</td><td></td><td rowspan="3">培训计划<br>培训记录</td></tr>
<tr><td>对中层以上管理人员进行专题培训。满分 4 分</td><td></td></tr>
<tr><td>仅对新员工进行企业文化教育培训。满分 2 分</td><td></td></tr>
<tr><td rowspan="3">企业行为礼仪</td><td rowspan="3">5</td><td>根据企业需要建立健全企业礼仪规范。满分 5 分</td><td></td><td rowspan="3">书面文本<br>现场考察</td></tr>
<tr><td>企业重大活动有规定，但是没有形成礼仪规范。满分 4 分</td><td></td></tr>
<tr><td>没有礼仪规范，现阶段也不需要建立礼仪规范。满分 2 分</td><td></td></tr>
<tr><td rowspan="3">企业文化活动</td><td rowspan="3">5</td><td>围绕文化建设和中心工作，开展各项活动。满分 5 分</td><td></td><td rowspan="3">活动计划<br>活动记录</td></tr>
<tr><td>节假日能够组织文体活动，平时很少开展活动。满分 3 分</td><td></td></tr>
<tr><td>生产任务紧张，无暇顾及开展各项活动。满分 1 分</td><td></td></tr>
<tr><td rowspan="3">履行社会责任</td><td rowspan="3">5</td><td>热心社会公益活动，享有较高的社会美誉度。满分 5 分</td><td></td><td rowspan="3">工作报告<br>媒体报道</td></tr>
<tr><td>能够完成上级交办任务，承担一定的社会责任。满分 4 分</td><td></td></tr>
<tr><td>企业自身难题较多，心有余而力不足。满分 2 分</td><td></td></tr>
</table>

续表

| 一级指标 | 二级指标 | 分值 | 量化标准 | 实得分 | 测评依据 |
|---|---|---|---|---|---|
| 物质文化<br><br>满分：25 分<br>实得：分 | 企业文化载体 | 5 | 企业网站建设、广播电视、企业报刊等完善。满分 5 分 | | 实物样本<br>现场调研 |
| | | | 企业报刊杂志开设企业文化专题栏目。满分 3 分 | | |
| | | | 橱窗板报分布合理，内容及时更新。满分 2 分 | | |
| | 企业文化成果 | 5 | 成果优异，出版企业文化专著。满分 5 分 | | 实物样本 |
| | | | 成果显著，编著企业文化图书。满分 4 分 | | |
| | | | 成果一般，发表企业文化论文。满分 3 分 | | |
| | 企业文化设施 | 5 | 企业文化场馆、活动室、宣传橱窗等设施齐全。满分 5 分 | | 现场调研 |
| | | | 能够保证企业文化活动正常开展。满分 4 分 | | |
| | | | 条件有限，目前还无法满足企业文化基本需要。满分 2 分 | | |
| | 企业内部环境 | 5 | 美化绿化，环境优美，达到工业旅游标准。满分 5 分 | | 现场调研 |
| | | | 因地制宜，布局合理，标识清晰。满分 4 分 | | |
| | | | 缺乏规划，疏于管理，存在卫生死角。满分 2 分 | | |
| | 企业所获荣誉 | 5 | 国家级：不累加<br>满分 5 分 | | 复印件<br>现场调研 |
| | | | 省部级：不累加<br>满分 4 分 | | |

续表

| 一级指标 | 二级指标 | 分值 | 量化标准 | 实得分 | 测评依据 |
|---|---|---|---|---|---|
| | | | 行业级：不累加<br>满分 3 分 | | |
| 定量考核测评满分：100 | | | 实得总分：　　分 | | |
| 测评权重：35% | | | 定量测评分：　　分 | | |
| 测评专家签字：<br>年　月　日 | | | | | |

### 9.3　领导班子重视企业文化建设测评：

9.3.1　测评指向性：企业领导的文化自觉和文化自信在很大程度上决定企业文化建设可能达到的程度和水平。

9.3.2　测评分值设定：领导班子重视企业文化建设测评考核满分 100 分，设定一级指标二个类别，满分各 50 分；二级指标十项，每项分为三种状态。

领导班子重视企业文化建设测评权重 10%。

9.3.3　测评应用工具：《领导班子重视企业文化建设测评表》。

**领导班子重视企业文化建设测评表**

测表三　　　　NO：

| 一级指标 | 二级指标 | 分值 | 量化标准 | 实得分 | 测评依据 |
|---|---|---|---|---|---|
| **引领企业文化方向**<br>满分：50 分<br>实得：　分 | 纳入议事日程 | 10 | 制度化、经常化，阶段性总结部署。满分 10 分 | | 工作制度<br>会议记录 |
| | | | 随时安排，专题研究，无专项制度。满分 6 分 | | |
| | | | 生产繁忙，无暇顾及，临时安排。满分 2 分 | | |
| | 制订发展规划 | 10 | 制订中长期企业文化发展规划。满分 10 分 | | 书面文本 |
| | | | 制订短期企业文化建设规划。满分 8 分 | | |

续表

| 一级指标 | 二级指标 | 分值 | 量化标准 | 实得分 | 测评依据 |
| --- | --- | --- | --- | --- | --- |
| | | | 没有制订企业文化发展规划。0分 | | |
| | 领导率先垂范 | 10 | 主要领导为第一责任人，分管领导主抓。满分10分 | | 汇报材料<br>有关文件 |
| | | | 班子分工负责，分管领导全面抓。满分8分 | | |
| | | | 班子没有明确分工，部门领导负责。满分6分 | | |
| | 培育文化理念 | 10 | 提出文化理念，形成管理定理。满分10分 | | 书面文本 |
| | | | 确定文化理念，形成理念体系。满分8分 | | |
| | | | 主要由咨询公司提出企业文化理念。满分4分 | | |
| | 形成理论成果 | 10 | 企业或领导出版企业文化专著。满分10分 | | 实物样本<br>书面文本 |
| | | | 主编或编著企业文化著作。满分8分 | | |
| | | | 在有关杂志刊物发表企业文化论文。满分6分 | | |
| 重视企业文化建设<br><br>满分：50分<br>实得：分 | 健全组织机构 | 10 | 成立企业文化委员会或领导小组。满分6分 | | 有关文件 |
| | | | 设立企业文化主管部门及办公室。满分4分 | | |
| | | | 没有明确主抓和主管部门。满分0分 | | |
| | 配备管理人员 | 10 | 明确主管部门领导，配齐工作人员。满分10分 | | 有关文件 |
| | | | 主管部门定员不足或配备不齐。满分6分 | | |

续表

| 一级指标 | 二级指标 | 分值 | 量化标准 | 实得分 | 测评依据 |
|---|---|---|---|---|---|
| | | | 没有明确指定企业文化工作人员。满分 0 分 | | |
| | 保证文化投入 | 10 | 文化投入有计划，能保证工作需要。满分 10 分 | | 汇报材料<br>资金计划 |
| | | | 没有资金计划，但能保证工作急需。满分 6 分 | | |
| | | | 没有资金计划，影响工作开展。满分 2 分 | | |
| | 开展文化活动 | 10 | 满足员工精神需求，活动丰富多彩。满分 10 分 | | 活动记录<br>影像资料 |
| | | | 开展节日文体活动，活跃文化氛围。满分 8 分 | | |
| | | | 生产繁忙，经费紧张，不常开展。满分 2 分 | | |
| | 树立文化典型 | 10 | 树立典型，给予奖励和晋升机会。满分 10 分 | | 汇报材料<br>有关记录 |
| | | | 树立典型，给予精神和物质奖励。满分 8 分 | | |
| | | | 经常给予表扬，鼓励员工积极参与。满分 6 分 | | |
| 领导班子测评满分：100 分 | | | 实得总分：　　　分 | | |
| 测评权重：10% | | | 领导班子测评分：　　　分 | | |
| 测评专家签字：<br><br>年　月　日 | | | | | |

## 9.4 “员工满意度调查”测评

9.4.1　测评指向性：员工满意度是企业内部群体表达的心理指数，能够反映企业成员对企业管理、文化氛围、工作环境、人际关系、自我价值实现等方面的感觉与认知程度。

9.4.2 测评分值设定："员工满意度调查"测评分值设定满分 100 分，设定四个项目，每个项目满分 25 分；二十个子项目，对应五种状态分值。

"员工满意度调查"测评考核测评权重 10%。

9.4.3 测评应用工具：《员工满意度测评表》。

**员工满意度测评表**

测表四　　NO：______

| 项　目 | 子项目 | 非常满意 | 很满意 | 满意 | 不太满意 | 很不满意 | 实得分 |
|---|---|---|---|---|---|---|---|
| | | 5 | 4 | 3 | 2 | 1 | |
| 物质回报（满分25 分） | 薪酬水平 | | | | | | 分 |
| | 福利待遇 | | | | | | |
| | 业绩奖励 | | | | | | |
| | 社会保险 | | | | | | |
| | 节日假日 | | | | | | |
| 成长发展（满分25 分） | 职务晋升 | | | | | | 分 |
| | 特长发挥 | | | | | | |
| | 发展空间 | | | | | | |
| | 组织培养 | | | | | | |
| | 各项活动 | | | | | | |
| 培训学习（满分25 分） | 岗位技能 | | | | | | 分 |
| | 培训形式 | | | | | | |
| | 鼓励支持 | | | | | | |
| | 学习内容 | | | | | | |
| | 考察考核 | | | | | | |

续表

| 项　目 | 子项目 | 非常满意 | 很满意 | 满意 | 不太满意 | 很不满意 | 实得分 |
|---|---|---|---|---|---|---|---|
| | | 5 | 4 | 3 | 2 | 1 | |
| 人际关系（满分25分） | 企业认同 | | | | | | 分 |
| | 领导关心 | | | | | | |
| | 同事关系 | | | | | | |
| | 心理咨询 | | | | | | |
| | 建家活动 | | | | | | |
| 员工满意度测评满分：100 分 | | | 实得总分：　　分 | | | | |
| 测评权重：10% | | | 员工满意度测评分：　分 | | | | |
| 测评专家签字：<br>年　月　日 | | | | | | | |

9.5 **“用户满意度调查”测评：**

9.5.1　测评指向性：是企业外部群体表达的心理指数，能够反映社会公众对企业及其管理理念、文化氛围、品牌形象等方面的感觉与认同程度。

9.5.2　测评分值设定：满分 100 分，设定四个项目，每个项目满分 25 分；二十个子项目，对应五种状态分值。

“用户满意度调查”测评考核测评权重 10%。

9.5.3　测评应用工具：《用户满意度测评表》。

**用户满意度测评表**

测表五　　　　NO：

| 项　目 | 子项目 | 非常满意 | 很满意 | 满意 | 不太满意 | 很不满意 | 实得分 |
|---|---|---|---|---|---|---|---|
| | | 5 | 4 | 3 | 2 | 1 | |
| 服务管理（满分25分） | 服务标准 | | | | | | 分 |
| | 服务理念 | | | | | | |
| | 服务制度 | | | | | | |

续表

| 项　目 | 子项目 | 非常满意<br>5 | 很满意<br>4 | 满意<br>3 | 不太满意<br>2 | 很不满意<br>1 | 实得分 |
|---|---|---|---|---|---|---|---|
| | 服务环境 | | | | | | |
| | 服务培训 | | | | | | |
| 服务行为（满分25分） | 服务承诺 | | | | | | |
| | 服务技能 | | | | | | |
| | 服务素质 | | | | | | 分 |
| | 服务设施 | | | | | | |
| | 售后服务 | | | | | | |
| 服务礼仪（满分25分） | 服务意识 | | | | | | |
| | 服务态度 | | | | | | |
| | 服务用语 | | | | | | 分 |
| | 服饰整洁 | | | | | | |
| | 服务沟通 | | | | | | |
| 服务质量（满分25分） | 尊重用户 | | | | | | |
| | 方式便捷 | | | | | | |
| | 听取建议 | | | | | | 分 |
| | 及时处理 | | | | | | |
| | 答复明确 | | | | | | |

| | |
|---|---|
| 用户满意度调查测评满分：100 分 | 实得总分：　　　分 |
| 测评权重：10% | 用户满意度测评分：　分 |
| 测评专家签字：<br><br>年　月　日 | |

### 9.6 测评分数统计公式

9.6.1 实得总分计算公式：

实得总分是各实得分累加之和，由测评专家计算确定，计算公式：

实得总分 = 实得分（1+2+3……+n）

9.6.2 测评分计算公式：

测评分是实得总分的权重分值，由测评专家计算确定，计算公式：

（各单元）测评分 = 实得总分 × 测评权重

9.6.3 测评总分计算公式：

测评总分是各单元测评分的累加分数，由测评专家计算确定，是对企业文化状态最终认定的重要依据，计算公式：

测评总分 = 定性测评分 + 定量测评分 + 领导班子测评分 +
员工满意度测评分 + 用户满意度测评分

9.6.4 测评认定总分计算公式：

测评认定总分是各测评总分的算术平均数，由测评专家组统一计算，是对企业文化状态最终认定的充分依据，其计算公式：

测评认定总分 = 测评总分（1+2+3……+n）÷ n

## 10. COCS 标准企业测评认定模式

根据开展企业文化管理测评的有关要求和企业文化建设实际需要，COCS 标准设置“企业文化管理测评荣誉认定模式”和“报告书指导模式”。

**10.1 企业文化管理测评荣誉认定模式**：对选择 COCS 标准进行企业文化测评的申报企业，分别设置“全国企业文化建设优秀单位”、“全国企业文化建设先进单位”和“全国企业文化建设示范基地”等三种认定模式。

**10.2 企业子文化管理测评荣誉认定模式**：对选择 COCS 标准简化形式进行企业子文化测评的申报企业，分别设置“全国企业子文化建设优秀单位”、“全国企业子文化建设先进单位”和“全国企业子文化建设示范基地”等三种认定模式。

**10.3 企业专项文化管理测评荣誉认定模式**：对选择 COCS 标准简化形式进行企业专项文化测评的申报企业，分别设置“全国专项文化建设优秀单位”、

"全国专项文化建设先进单位"和"全国专项文化建设示范基地"等三种认定模式。

10.4 **报告书指导模式**：对选择 COCS 标准测评，但是不寻求荣誉认定模式的申报组织和企业，根据实际需求，可选择"企业文化调研报告"、"企业文化测评报告"、"企业子文化调研报告"、"企业子文化测评报告"和"企业专项文化建设评价报告"等形式反馈，提供企业文化专家指导意见。

10.5 **行业文化测评认定模式**：对选择 COCS 标准进行行业文化测评的申报组织和企业，采用"行业文化评价报告"指导模式，提供企业文化专家指导意见。

10.6 **企业文化测评认定模式简表**：

| 序号 | 认定模式 | 形式 | 发布 |
|---|---|---|---|
| 1 | 全国企业文化建设先进（优秀）单位<br>全国企业子文化建设先进（优秀）单位<br>全国企业专项文化建设先进（优秀）单位 | 牌匾、证书 | 网站、专业杂志刊发，年会公布获奖名单 |
| 2 | 全国企业文化建设示范基地<br>全国企业子文化建设示范基地<br>全国企业专项文化建设示范基地 | 牌匾、证书 | 网站、专业杂志刊发，年会颁发牌匾、证书 |
| 3 | 调研报告、测评报告模式<br>专项文化评价报告模式<br>行业文化评价报告模式 | 报告书<br>标准文本 | 反馈组织或企业，指导企业文化、行业文化、专项文化建设工作 |

## 11. COCS 标准企业测评实施程序

11.1 **COCS 标准企业测评实施流程**：

11.1.1 企业自愿提出企业文化管理测评申报：由有申报意愿的企业自愿填写"中国企业文化管理测评申报表"报送中国企业文化管理专业委员会，同时报送有关资料；

11.1.2 企业文化专家委员会受理：经中国企业文化管理专业委员会批准，企业文化专家委员会负责受理企业申报，并对申报材料进行初审；

11.1.3 成立 COCS 标准测评专家组：企业文化专家委员会根据测评工作

需要，安排有关专家组成“COCS 标准测评专家组”（以下简称测评专家组），并与申报企业共同商定具体工作方案及细节；

11.1.4 实施 COCS 标准测评方案：根据双方共同商定的企业文化测评工作方案，测评专家组与申报企业对接并开展调研测评等相应工作；

11.1.5 形成“企业文化管理测评报告”：测评专家组在对申报企业报送的材料充分审定和进行调研的基础上，形成企业文化管理测评综合报告，提出具体明确的测评认定意见；

11.1.6 确定 COCS 标准测评认定成果：根据“企业文化管理测评报告”的意见，经中国企业文化管理专业委员会评审后，报中国文化管理学会最终审定，授予申报企业荣誉认定模式相应称号。

**11.2 企业文化子文化管理测评实施流程：**

11.2.1 企业自愿提出申报意愿：申报企业填写“中国企业文化管理测评申报表”报送中国企业文化管理专业委员会。

11.2.2 报送企业子文化工作总结：申报企业报送企业子文化工作总结和有关资料以及荣誉证书复印件；

11.2.3 企业文化专家委员会受理：企业文化专家委员会负责受理申报，并对全部申报材料进行初审；

11.2.4 测评专家组实施测评：企业文化专家委员会根据工作需要组成测评专家组，负责实施企业子文化管理测评工作；

11.2.5 测评成果认定：形成“企业子文化管理测评报告”，提出企业子文化测评荣誉认定意见，逐级上报审批。

**11.3 行业文化测评实施流程**：模拟企业文化管理企业测评实施流程。

**11.4 企业专项文化测评实施流程**：模拟企业子文化管理测评实施流程。

**11.5 COCS 标准培训工作实施流程：**

企业文化专家委员会受理组织申报后，测评专家组应与企业共同商定，采用适当方式对企业相关人员进行必要的 COCS 标准培训。

11.5.1 企业高层管理人员培训：测评专家组对申报企业的高层管理人员进行 COCS 标准介绍、宣讲或培训。

11.5.2 企业文化管理岗位人员培训：测评专家组对申报企业的企业文化

管理师进行 COCS 标准培训，并由申报企业安排 1-3 人负责对组织其他人员开展日常 COCS 标准培训工作。

11.5.3 企业中层管理人员培训：测评专家组对申报企业的中层管理人员进行 COCS 标准培训。

11.5.4 企业员工代表培训：测评专家组对申报企业的员工代表进行 COCS 标准培训。

## 12.COCS 标准测评专家组工作流程

### 12.1 首次见面工作会

按照工作确认函约定，测评专家组与申报企业领导和主管部门负责人及有关人员举行首次见面工作会，互相沟通交底，商定实施细则。

### 12.2 资料审阅

主要审阅测评申报材料、企业主要领导有关讲话材料、近两年来企业工作总结、“两会”报告等文字资料；企业获得的主要荣誉、第三方评价资料等实物资料和企业宣传片等有关影音资料。

### 12.3 专家调研

12.3.1 高层领导访谈：企业主要领导、企业文化建设主管领导和领导班子成员（专家需提前设计访谈话题），主要了解企业领导对企业文化的理解、重视程度、工作定位及未来构想等决策层面的有关情况。

12.3.2 中层管理人员访问或座谈：可根据实际工作需要，采取个别交谈或座谈等形式进行，人数按适当比例确定。主要了解中层管理人员对企业文化建设的宣传、贯彻、推动、落实、实际构建等执行层面的有关情况。

12.3.3 基层员工代表访问或座谈：有针对性地确定话题，选择个别交谈或在适当范围和规模举行由机关工作人员、员工代表参加的座谈会，主要了解员工在企业文化建设过程中的参与程度以及企业文化建设现状等情况。

12.3.4 问卷调查：根据调研需要设计调研问卷，并对问卷情况进行数理统计分析，为判断企业文化现状提供有关参考依据。

12.3.5 现场考察：一般由企业文化专家提出现场考察方案，企业主管部门提出考察路线，经双方确定后对企业文化建设有关情况做实地调研。

### 12.4 业务培训

根据企业实际需要，专家组可安排有关专家对企业相关人员提供企业文化理论与实践知识培训，是否进行培训完全由企业自主决定。

### 12.5 调研报告

企业文化测评专家组将汇总整体情况，形成“企业文化调研报告”或“企业文化管理测评报告”，提出评价意见和工作建议，并以适当形式反馈企业。

### 12.6 统计工具

12.6.1 《测评总分统计表》：是测评专家统计计算工具。

**测评总分统计表**

测表六 NO：

| 企业名称 | | | |
|---|---|---|---|
| **测评项目** | **实得总分** | **测评权重** | **测评分** |
| 定性测评 | | 35% | |
| 定量测评 | | 35% | |
| 领导班子测评 | | 10% | |
| 员工满意度测评 | | 10% | |
| 用户满意度测评 | | 10% | |
| **测评总分：** | | | |
| 测评专家签字：<br>年 月 日 | | | |

12.6.2 《测评认定总分统计表》：是测评专家组统计计算工具。

测表七 NO：

| 企业名称 | | |
|---|---|---|
| **测评专家** | **测评总分** | **备 注** |
| （测评专家 1） | | |

续表

| | | |
|---|---|---|
| （测评专家 2） | | |
| （测评专家 3） | | |
| （测评专家 4） | | |
| （测评专家 5） | | |
| **测评认定总分：** | | |
| 测评认定意见：<br>组长签字：<br>年 月 日 | | |

## （二）COCS 标准企业测评申报条件

### 13.COCS 标准企业测评荣誉认定模式申报条件

**13.1 “全国企业文化建设先进（优秀）单位”申报条件**

13.1.1 最近两年内没有发生违反国家有关法律法规的重大案件、重特大安全责任事故、重特大产品质量责任事故；

13.1.2 制订了企业文化建设规划，设置了企业文化建设组织机构，并根据工作需要配备了企业文化管理师和高级企业文化管理师等；

13.1.3 建立健全企业文化理念体系，编印下发了《企业文化手册》，员工对企业文化有较高认同；

13.1.4 开展企业文化建设工作所需经费能够落实；

13.1.5 充分利用各种宣传载体宣传企业文化，并开展相关活动等。

13.1.6 企业业绩良好，达到同类型企业领先水平，企业文化建设推动企业健康可持续发展。

**13.2 “全国企业文化建设示范基地”申报条件：**

13.2.1 最近两年内没有发生违反国家有关法律法规的重特大案件、重特大安全责任事故、重特大产品质量责任事故；

13.2.2 制订了企业文化建设规划，设置了企业文化组织机构，并根据工作需要配备了企业文化管理师和高级企业文化管理师等；

13.2.3 建立健全企业文化理念体系，编印下发了《企业文化手册》或出版企业文化专著，员工对企业文化有较高认同；

13.2.4 充分利用企业报刊杂志、广播电视、网站、展览室、宣传图板等载体大力宣传企业文化，形成良好的企业文化氛围；

13.2.5 企业文化建设工作经费充分落实；

13.2.6 企业业绩优异，达到或超过行业先进水平，企业文化推动了和谐企业构建。

### 14．COCS 标准企业测评报告反馈模式申报条件

14.1 企业领导重视企业文化建设，企业文化建设纳入领导议事日程；

14.2 制订了企业文化建设规划、年度工作计划或实施细则；

14.3 建立了企业文化理念体系，编印了《企业文化手册》等；

14.4 企业文化建设组织机构健全、人员到位、经费保证；

14.5 企业自愿填写《中国企业文化管理测评申报表》，并及时报送有关材料。

## （三）COCS 标准企业测评申报受理程序

### 15．COCS 标准企业测评申报受理程序

由有申报意愿的组织自愿填写“中国企业文化管理测评申报表”报送中国企业文化管理专业委员会，经中国企业文化专家委员会受理，并进入以下申报程序。

**15.1 COCS 标准企业测评荣誉认定模式申报受理流程：**

15.1.1 由申报企业填写“全国企业文化建设先进（优秀）单位申报考核表”（一式 5 份），报送中国企业文化管理专业委员会。

15.1.2 申报企业向中国企业文化管理专业委员会报送“企业文化建设工作总结报告”（一式 5 份），并附电子文档。

15.1.3 申报企业向中国企业文化管理专业委员会报送企业文化建设规划或纲要、《企业文化手册》、近期内部刊物、各大媒体宣传报道材料、专题宣

传光碟及企业文化专题片等影音资料。

15.1.4　申报企业获得的主要荣誉报送中国企业文化管理专业委员会（电子文档）。

15.1.5　中国企业文化管理专业委员会受理并进入测评认定程序。

**15.2　COCS 标准企业测评报告书模式申报受理流程：**

15.2.1　由申报企业填写“中国企业文化管理测评申报表”（一式 5 份），报送中国企业文化管理专业委员会；

15.2.2　申报企业向中国企业文化管理专业委员会报送“企业文化建设工作总结报告”（一式 5 份），并附电子文档；

15.2.3　申报企业向中国企业文化管理专业委员会报送企业近两年来的领导讲话、单位工作总结和工作报告等有关资料；

15.2.4　企业文化专家委员会受理并进入测评认定程序。

**15.3　企业子文化管理测评申报受理流程：**

15.3.1　由申报企业填写“全国企业子文化建设申报考核表”（一式 5 份），报送中国企业文化管理专业委员会；

15.3.2　申报企业向中国企业文化管理专业委员会报送“企业子文化建设工作总结报告”（一式 5 份），并附电子文档；

15.3.3　申报企业向中国企业文化管理专业委员会报送企业近两年来的领导讲话、单位工作总结和工作报告等有关资料；

15.3.4　申报企业在子文化建设方面获得的主要荣誉（电子文档）；

15.3.5　中国企业文化管理专业委员会受理并进入测评认定程序。

**15.4　企业专项文化测评申报及受理流程：**

模拟企业子文化管理测评申报及受理流程。

**15.5　行业文化测评申报及受理流程：**

模拟企业子文化管理测评申报及受理流程。

## 16．COCS 标准企业测评申报受理应用工具

**16.1　《中国企业文化管理测评申报表》样本：**由申报企业自愿填写，填报内容必须真实，并加盖单位公章。

## 中国企业文化管理测评申报表

申表一　　　　　　　　　　　　　　　　　　　　　　NO：

| 企业名称 | | | | 成立日期 | |
|---|---|---|---|---|---|
| 通讯地址 | | | | 邮政编码 | |
| 法人代表 | | 电话号码 | | 传真号码 | |
| 主管领导 | | 电话号码 | | 电子信箱 | |
| 联系人 | | 手机号码 | | 电子信箱 | |
| 所属行业 | | 主管部门 | | 职工人数 | |
| 资产总额 | | 销售收入 | | 利税总额 | |
| 经济类别<br>在类别前<br>□内划✓ | □国有企业　□集体企业　□私营企业<br>□外资企业　□股份有限公司　□联营企业<br>□股份合作企业　□有限责任公司　□其他企业 | | | | |
| 企业荣誉 | | | | | |
| **企业文化建设基本情况**（可另附纸填写） | | | | | |
| | | | | | |
| | | | | | |
| | | | | | |
| | | | | | |
| | | | | | |
| 企业测评认定模式选择在□内划✓ | □全国企业文化建设示范基地<br>□全国企业文化建设先进单位<br>□全国企业文化建设优秀单位<br>□企业文化调研报告<br>□企业文化测评报告 | | | | |
| 个人评价认定模式选择在□内划✓ | □全国企业文化领军人物<br>□全国企业文化突出贡献人物<br>□全国企业文化建设先进个人<br>□全国企业文化建设优秀个人 | | | | |

续表

| 企业领导审批意见 | 领导签字：（单位公章）<br>年 月 日 |
|---|---|

16.2 **《全国企业文化建设示范基地测评审批表》**：由测评专家组负责填写，报中国企业文化专家委员会逐级审批。

16.2.1 《全国企业文化建设示范基地测评审批表》样本：

**全国企业文化建设示范基地测评审批表**

审表一　　NO：

| 企业名称 | | 成立日期 | |
|---|---|---|---|
| 通讯地址 | | 邮政编码 | |
| 所属行业 | | 职工人数 | |
| 企业所获主要荣誉 | | | |
| 主要领导所获荣誉 | | | |
| 企业文化建设主要情况 | | | |
| 测评认定总分 | 组长签字：<br>年 月 日 | | |
| 企业文化专家委员会意见 | 主任签字：（单位公章）<br>年 月 日 | | |
| 中国企业文化管理专业委员会意见 | 负责人签字：（单位公章）<br>年 月 日 | | |
| 中国文化管理学会审定意见 | 领导签字：（单位公章）<br>年 月 日 | | |

16.2.2 扩展适用范围：为简化手续、提高效率，本审批表扩展适用于“全国企业文化建设先进单位”和“全国企业文化建设优秀单位”的审批。

16.3 **应用简化标准对企业子文化建设测评认定**：由测评专家组负责测评

考核，报中国企业文化专家委员会逐级审批认定。

16.3.1 《全国企业子文化建设测评申报考核表》样本：

**全国企业子文化建设测评申报考核表**

申表二　　　　　　　　　　　　　　　　　　NO：

<table>
<tr><td>企业名称</td><td></td><td>企业性质</td><td></td></tr>
<tr><td>申报模式选择<br>在□内划✓</td><td colspan="3">□全国企业子文化建设优秀单位<br>□全国企业子文化建设先进单位<br>□全国企业子文化建设示范基地</td></tr>
<tr><td>企业领导审批意见</td><td colspan="3">领导签字：　　　　（单位盖章）<br>年　月　日</td></tr>
<tr><td colspan="4">考核项目和评分标准</td></tr>
<tr><td rowspan="9">组织保障：20 分</td><td rowspan="3">机构设置（满分：8 分）</td><td>组织健全（8 分）</td><td rowspan="3">实得：　分</td></tr>
<tr><td>比较健全（5 分）</td></tr>
<tr><td>不够健全（3 分）</td></tr>
<tr><td rowspan="3">分管领导工作（满分：6 分）</td><td>常抓不懈（6 分）</td><td rowspan="3">实得：　分</td></tr>
<tr><td>时紧时松（4 分）</td></tr>
<tr><td>有时过问（2 分）</td></tr>
<tr><td rowspan="3">员工参与（满分：6 分）</td><td>全员参与（6 分）</td><td rowspan="3">实得：　分</td></tr>
<tr><td>部分参与（4 分）</td></tr>
<tr><td>较少参与（2 分）</td></tr>
<tr><td rowspan="6">专业人才保障：20 分</td><td rowspan="3">企业文化管理师（满分：6 分）</td><td>能够胜任（6 分）</td><td rowspan="3">实得：　分</td></tr>
<tr><td>基本胜任（3 分）</td></tr>
<tr><td>不太胜任（1 分）</td></tr>
<tr><td rowspan="3">高级企业文化管理师（满分：8 分）</td><td>能够胜任（8 分）</td><td rowspan="3">实得：　分</td></tr>
<tr><td>基本胜任（6 分）</td></tr>
<tr><td>不太胜任（2 分）</td></tr>
</table>

续表

| | | | |
|---|---|---|---|
| | 企业文化总监（满分：8 分） | 能够胜任（8 分） | 实得：　　分 |
| | | 基本胜任（6 分） | |
| | | 不太胜任（2 分） | |
| 传播保障：20 分 | 企业文化手册、报刊杂志、广播电视、网站、墙报等载体（满分：6 分） | 很完备（6 分） | 实得：　　分 |
| | | 比较完备（4 分） | |
| | | 不太完备（1 分） | |
| | 论坛、报告会、研讨会等（满分：6 分） | 经常举办（6 分） | 实得：　　分 |
| | | 有时举办（4 分） | |
| | | 很少举办（1 分） | |
| | 队伍建设（满分：6 分） | 很强（6 分） | 实得：　　分 |
| | | 较强（4 分） | |
| | | 不强（2 分） | |
| 企业文化成果：20 分 | 企业子文化体系（满分：8 分） | 完备（8 分） | 实得：　　分 |
| | | 较完备（6 分） | |
| | | 不够完备（3 分） | |
| | 企业子文化特色（满分：6 分） | 显著（6 分） | 实得：　　分 |
| | | 较显著（4 分） | |
| | | 不够显著（2 分） | |
| | 企业子文化功能（满分：6 分） | 很强（6 分） | 实得：　　分 |
| | | 较强（4 分） | |
| | | 很弱（2 分） | |
| 企业经营业绩：20 分 | 年度利税总额（满分：8 分） | 行业领先（8 分） | 实得：　　分 |
| | | 同比先进（6 分） | |
| | | 一般水平（2 分） | |
| | 履行社会责任（满分：6 分） | 主动履行（6 分） | 实得：　　分 |
| | | 完成任务（4 分） | |
| | | 很少考虑（2 分） | |

续表

<table>
<tr><td rowspan="3"></td><td rowspan="3">企业获奖情况（满分：6 分）</td><td>全国性（6 分）</td><td rowspan="3">实得： 分</td></tr>
<tr><td>省级（5 分）</td></tr>
<tr><td>行业（4 分）</td></tr>
<tr><td colspan="2">满分：100 分</td><td colspan="2">实得总分： 分</td></tr>
<tr><td colspan="4">企业文化专家委员会初审意见：<br><br>专家签字： 主任签字<br>年 月 日</td></tr>
<tr><td colspan="4">中国企业文化管理专业委员会评审意见：<br><br>负责人签字：<br>年 月 日</td></tr>
<tr><td colspan="4">中国文化管理学会审定意见：<br><br>领导签字：<br>年 月 日</td></tr>
</table>

16.3.2 扩展适用范围：为简化手续、提高效率，本审批表扩展适用于企业专项文化建设荣誉认定模式测评与审批。

## （四）COCS 标准企业测评认定程序

### 17．COCS 标准企业测评认定标准

**17.1 “全国企业文化建设先进（优秀）单位”测评认定标准：**

17.1.1 符合 COCS 标准“全国企业文化建设先进单位”申报规定；

17.1.2 在 COCS 标准考核中，测评认定总分达到 80 分（含 80 分）以上；

17.1.3 企业业绩优异，达到行业平均先进水平及以上；

17.1.4 经企业文化专家委员会初审认定，中国企业文化管理专业委员会

评审同意，中国文化管理学会最终审定，可授予“全国企业文化建设先进（优秀）单位”称号。

**17.2 “全国企业文化建设示范基地”测评认定标准：**

17.2.1 符合 COCS 标准“全国企业文化建设示范基地”申报规定；

17.2.2 在 COCS 标准考核中，测评认定总分达到 90 分（含 90 分）以上；

17.2.3 企业文化建设特色突出，具有跨行业的示范意义；

17.2.4 经企业文化专家委员会初审认定，中国企业文化管理专业委员会评审同意，中国文化管理学会最终审定，可授予“全国企业文化建设示范基地”荣誉称号。

**17.3 扩展适用范围：**

以上标准可对应扩展适用于全国企业子文化建设荣誉认定模式和全国企业专项文化建设荣誉认定模式认定标准。

## 18. COCS 标准企业测评认定流程

**18.1 全国企业文化建设先进（优秀）单位认定流程：**

18.1.1 文字材料测评认定：测评专家组对申报企业报送的全部文字材料进行审定；

18.1.2 实物产品测评认定：测评专家组对申报企业的报送的全部实物产品进行审定；

18.1.3 现场工作测评认定：测评专家组到申报企业进行现场调研，并对企业现场环境给予测评认定；

18.1.4 计算测评认定总分：测评专家组对企业文化建设测评情况汇总评定，并依据 COCS 标准计算公式计算测评分数，测评认定总分在 80 分以上（含 80 分）的企业具备“全国企业文化建设先进（优秀）单位”评选资格；

18.1.5 形成“企业文化管理测评报告”：测评专家组根据以上测评认定情况，形成“企业文化管理测评报告”；

18.1.6 初审认定：企业文化专家委员会召开会议，形成测评初审意见，并填写《全国企业文化建设示范基地测评审批表》报送中国文化管理专业委员会；

18.1.7　复审认定：中国企业文化管理专业委员会召开会议，讨论企业文化专家委员会初审意见，并提出评审意见；

18.1.8　最终审定：中国文化管理学会召开会议，讨论企业文化管理专业委员会评审意见，并最终审定。

**18.2　“全国企业文化建设示范基地”认定流程：**

18.2.1　文字材料测评认定：测评专家组对申报企业报送的全部文字材料进行审定；

18.2.2　实物产品测评认定：测评专家组对申报企业的报送的全部实物产品进行审定；

18.2.3　现场工作测评认定：测评专家组到申报企业进行现场调研，并对企业现场环境给予测评认定；

18.2.4　计算测评认定总分：测评专家组对企业文化建设测评情况汇总评定，并依据 COCS 标准计算公式计算测评分数，测评认定总分在 90 分以上（含 90 分）的企业具备“全国企业文化建设示范基地”评选资格；

18.2.5　企业文化专家委员会填写《全国企业文化示范基地测评审批表》，报送中国企业文化管理专业委员会评审及上报；

18.2.6　初审评定：企业文化专家委员会召开会议，讨论《全国企业文化示范基地测评审批表》，并形成测评初审意见；

18.2.7　复审认定：中国企业文化管理专业委员会召开会议，讨论企业文化专家委员会初审意见，并提出评审意见；

18.2.8　最终审定：中国文化管理学会召开会议，讨论中国企业文化管理专业委员会评审意见，并最终审定。

**18.3　扩展适用范围：**

以上标准可对应扩展适用于全国企业子文化建设荣誉认定模式和全国企业专项文化建设荣誉认定模式认定流程。

## 19．COCS 标准企业测评不符合项处置程序：

**19.1　不符合项**：针对企业文化测评中可能出现的问题，COCS 标准设置一般性不符合项、错漏性不符合项和严重不符合项等，给予区别处置。

| 项　目 | 内　容 | 影　响 | 处　置 |
| --- | --- | --- | --- |
| 一般性不符合项 | 程度性缺陷<br>不健全性缺陷 | 不完善<br>不全面 | 部门弥补<br>及时改进 |
| 错漏性不符合项 | 漏项性缺陷<br>错项性缺陷 | 缺失性影响<br>方向性影响 | 提供指导<br>限期改进 |
| 严重不符合项 | 安全责任事故等<br>有否定条件的事件 | 责任性影响<br>形象性影响 | 扣减权重 |

**19.2　不符合项报告书**：测评专家就测评过程中发现的不符合项开具“企业文化管理测评不符合项报告书”，提出应该及时改进的项目，不符合项报告书是 COCS 标准测评过程中重要的执行工具。

**企业文化管理测评不符合项报告书**

测表八　　　　　　　　　　　　　　　　　　　　　　　　NO：

| 序　号 | 不符合项类别 | 不符合项描述 | 整改要求 |
| --- | --- | --- | --- |
| 1 | | | |
| 2 | | | |
| 3 | | | |
| 4 | | | |
| 5 | | | |
| 测评专家签字：<br>年　月　日 | | | |

**19.3　严重不符合项的处置**：

在企业文化管理测评中发现企业近两年存在或突发重特大安全责任事故、产品质量事故、违法违纪案件、经济或刑事案件等否定事件，应及时发出“严重不符合项整改通知书”，并在测评总分中对每个严重不符合项扣减 21% 权重分，并在“测评报告”或“调研报告”中说明有关情况。

**严重不符合项整改通知书**

测表九 NO：

| 序　号 | 项目内容 | 处置意见 | 整改要求 |
|---|---|---|---|
| 1 | | | |
| 2 | | | |
| 3 | | | |
| 4 | | | |
| 5 | | | |
| 测评专家组建议：<br>组长签字：<br>年　月　日 | | | |

## （五）COCS 标准测评跟踪服务与持续改进

### 20. 测评专家跟踪服务与持续改进

实施 COCS 标准测评的组织和企业，可得到中国企业文化专家委员会提供的跟踪服务项目，持续改进企业文化建设和管理状态。

**20.1 测评专家跟踪服务：**

经过 COCS 标准测评，获得企业文化建设认定模式的相应称号后，根据企业实际需求，企业文化专家委员会将安排有关专家进行跟踪服务，就企业文化管理测评过程中出现的不符合项，提出有针对性地改进建议，为加强企业文化建设提供智力支持和文化服务。

**20.2 免费提供持续改进报告：**

对获得"全国企业文化建设示范基地"称号的企业，中国企业文化管理专业委员会在调研服务的基础上，由测评专家组形成"企业文化建设持续改进报告"，指导企业文化建设的提升改进工作，以确保企业文化建设示范基地的先进性，充分发挥企业文化建设示范基地的示范引导作用。

**20.3　为企业开展培训和辅导：**

企业文化专家委员会针对改进建议的需求，在申报企业的支持和安排下，安排有关专家开办企业文化建设改进培训班或举办辅导讲座，指导申报企业的提升改进工作。

**20.4　总结推介企业文化建设经验：**

在提出改进建议和培训辅导的基础上，企业文化专家委员会安排有关专家对申报企业成功的做法和经验进行总结和凝练，突出企业文化特色和亮点，并采用适当形式共同发布和推广。

## 二、COCS 标准个人评价认定标准文件

### （一）COCS 标准个人评价应用程序

### 21. COCS 标准个人评价认定模式

**21.1　COCS 标准个人评价认定模式设置：**COCS 标准设置“全国企业文化建设优秀个人”、“全国企业文化建设先进个人”、“全国企业文化突出贡献人物”和“全国企业文化领军人物”等四种测评认定模式。

**21.2　COCS 标准个人评价认定模式设置简表：**

| 序号 | 认定模式 | 颁　奖 | 发　布 |
|---|---|---|---|
| 1 | 全国企业文化建设优秀个人<br>全国企业文化建设先进个人 | 证书 | 官方网站、专业杂志刊发，年会公布获奖名单 |
| 2 | 全国企业文化突出贡献人物<br>全国企业文化领军人物 | 牌匾、证书 | 官方网站、专业杂志刊发，年会颁发牌匾、证书 |

### 22. COCS 标准个人评价认定标准

**22.1　“全国企业文化建设先进（优秀）个人”评价认定标准：**

22.1.1　在企业文化建设管理岗位工作，或承担企业文化建设组织推动工作，并取得一定成绩；

22.1.2　企业批准申报“全国企业文化建设先进（优秀）个人”评价认定；

22.1.3 在省级以上期刊正式发表企业文化论文两篇以上或出版企业文化论著；

22.1.4 COCS 标准个人评价总分在 80 分（含 80 分）以上；

22.1.5 企业经营效果良好，企业业绩突出。

**22.2 全国企业文化突出贡献人物评价认定标准：**

22.2.1 负责企业文化建设的领导工作，承担领导责任。

22.2.2 企业同意申报“全国企业文化突出贡献人物”测评认定；

22.2.3 COCS 标准个人评价总分在 90 分（含 90 分）以上；

22.2.4 在省级以上期刊正式发表企业文化论文两篇以上或出版企业文化论著；

22.2.5 本人曾获得省级以上荣誉表彰；

22.2.6 企业经营效果良好，企业取得突出业绩。

**22.3 全国企业文化领军人物评价认定标准：**

22.3.1 在企业中担任主要领导工作，是企业文化建设第一责任人；

22.3.2 组织同意申报“全国企业文化领军人物”测评认定；

22.3.3 企业文化建设成绩显著，具有跨行业的示范意义；

22.3.4 COCS 标准个人评价总分在 95 分（含 95 分）以上；

22.3.5 理论研究和实践方面成果显著，在相关领域具有一定影响力；

22.3.6 企业经营效果良好，业绩优异，处于行业领先水平。

## 23. COCS 标准个人评价实施流程

**23.1 本人自愿填写 COCS 标准测评个人评价申报表**：申报人自愿如实填写“中国企业文化管理测评个人评价申报考核表”，交所在企业批准；

**23.2 企业同意申报 COCS 标准测评个人评价**：申报人所在企业签署意见并加盖公章后报送中国企业文化管理专业委员会；

**23.3 企业文化专家委员会受理及初审**：企业文化专家委员会负责受理个人测评申报，依据 COCS 标准进行评价，并提出初审意见；

**23.4 中国企业文化管理专业委员会评审**：根据企业文化专家委员会初审意见，中国企业文化管理专业委员会召开专题会议，并形成评审意见；

**23.5 中国文化管理学会最终审定**：依据中国企业文化管理专业委员会评审意见和有关申报资料，中国文化管理学会形成最终审定意见。

## （二）COCS 标准个人评价申报条件

### 24. 全国企业文化建设先进（优秀）个人申报条件

24.1 所在企业获得"全国企业文化建设先进单位"及以上称号；
24.2 企业同意推荐本人申报"全国企业文化建设先进个人"；
24.3 本人在企业文化建设实际工作中发挥积极作用；
24.4 本人在企业文化理论研讨和实践方面有一定成果。

### 25. 全国企业文化突出贡献人物申报条件

25.1 所在企业获得"全国企业文化建设先进单位"及以上称号；
25.2 企业同意推荐本人申报"全国企业文化突出贡献人物"；
25.3 本人在组织中负责企业文化建设的领导工作；
25.4 本人在企业文化理论研讨和实践方面有突出成果；
25.5 所在企业业绩优异。

### 26. 全国企业文化领军人物申报条件

26.1 所在企业获得"全国企业文化建设示范基地"荣誉称号；
26.2 企业同意推荐本人申报"全国企业文化领军人物"；
26.3 本人在企业中负责主要领导工作；
26.4 本人在企业文化理论研讨和实践方面有突出成果；
26.5 企业业绩优异，企业文化成果具有跨行业示范意义。

## （三）COCS 标准个人评价申报受理程序

### 27. COCS 标准个人评价申报受理程序

**27.1 全国企业文化建设先进（优秀）个人申报流程：**

27.1.1 本人自愿填写"中国企业文化管理测评个人评价申报考核表"（一

式 3 份），经企业签署意见后报送中国企业文化管理专业委员会；

27.1.2 本人撰写的企业文化建设论文二篇（复印 5 份，附电子文档）报送中国企业文化管理专业委员会；

27.1.3 本人获得的主要荣誉证书复印件（一式 5 份）或牌匾照片（电子文档）报送中国企业文化管理专业委员会；

27.1.4 中国企业文化管理专业委员会受理评定。

**27.2 全国企业文化突出贡献人物申报流程：**

27.2.1 本人自愿填写"中国企业文化管理测评个人评价申报考核表"（一式 5 份），经企业签署意见后报送中国企业文化管理专业委员会；

27.2.2 本人撰写的企业文化建设论文二篇（复印 5 份，附电子文档）或专著论著报送中国企业文化管理专业委员会；

27.2.3 企业获得的省级以上荣誉证书复印件（一式 5 份）或牌匾照片（电子文档）报送中国企业文化管理专业委员会；

27.2.4 本人获得的省级以上荣誉证书复印件（一式 5 份）或牌匾照片（电子文档）报送中国企业文化管理专业委员会；

27.2.5 中国企业文化管理专业委员会受理评定。

**27.3 全国企业文化领军人物申报流程：**

27.3.1 本人自愿填写"中国企业文化管理测评个人评价申报考核表"（一式 5 份），经企业签署意见后报送中国企业文化管理专业委员会；

27.3.2 企业和本人正式出版的企业文化论著或专著（原件）报送中国企业文化管理专业委员会；

27.3.3 企业获得的国家级荣誉证书复印件（一式 5 份）或牌匾照片（电子文档）报送中国企业文化管理专业委员会；

27.3.4 本人获得的国家级荣誉证书复印件（一式 5 份）或牌匾照片（电子文档）报送中国企业文化管理专业委员会；

27.3.5 中国企业文化管理专业委员会受理评定。

## 28．COCS 标准个人评价申报考核应用工具

**28.1 《中国企业文化管理测评个人评价申报考核表》样本：**由申报人填

报，测评专家量化打分，并按申报条件结合认定标准逐级上报审批。

**中国企业文化管理测评个人评价申报考核表**

申表三　　　　　　　　　　　　　　　　　　　　　　NO:＿＿＿＿

<table>
<tr><td>姓　名</td><td></td><td>单位</td><td></td><td>性别</td><td></td><td>年龄</td><td></td></tr>
<tr><td>职　务</td><td></td><td>职称</td><td></td><td>政治面貌</td><td></td><td></td><td></td></tr>
<tr><td>工作简历</td><td colspan="7">（可另附纸填写）</td></tr>
<tr><td>申报选择<br>在□内划<br>✓</td><td colspan="7">□全国企业文化建设优秀个人<br>□全国企业文化建设先进个人<br>□全国企业文化突出贡献人物<br>□全国企业文化领军人物</td></tr>
<tr><td>单　位<br>审批意见</td><td colspan="7">领导签字；　　　　　　　　（单位公章）<br>年　月　日</td></tr>
<tr><td colspan="7">考核内容（申报人填写，可另附纸填写）</td><td>测评专家评分</td></tr>
<tr><td colspan="7">对《中国企业文化管理测评标准 2.0》的基本理解：</td><td>满分 10 分<br><br>实得　分</td></tr>
<tr><td colspan="7">对本单位企业文化建设做出的主要贡献：</td><td>满分 40 分<br><br>实得　分</td></tr>
<tr><td colspan="7">参加企业文化管理师或企业文化总监培训情况：</td><td>满分 10 分<br><br>实得　分</td></tr>
<tr><td colspan="7">提出过的企业文化理念或基本论点：</td><td>满分 20 分<br><br>实得　分</td></tr>
<tr><td colspan="7">正式发表的企业文化论著、论文：</td><td>满分 20 分<br><br>实得　分</td></tr>
<tr><td colspan="8">满分：100 分　　　　　　　　实得总分：　　分</td></tr>
</table>

**续表**

| 企业文化专家委员会考核推荐意见：<br><br>专家签字：　　　　　主任签字：<br>年 月 日 |
| --- |
| 中国企业文化管理专业委员会评审意见：<br><br>负责人签字：<br>年 月 日 |
| 中国文化管理学会审定意见：<br><br>领导签字：<br>年 月 日 |

28.2 **扩展适用范围**：为简化手续、提高效率，本审批表对应扩展适用于企业子文化建设荣誉认定模式和企业专项文化建设荣誉认定模式测评与审批。

## （四）COCS 标准个人评价认定程序

### 29. 全国企业文化建设先进（优秀）个人认定流程

29.1 所在企业推荐，本人自愿填报“全国企业文化管理测评个人评价申报考核表”，并报送论文论著等相关资料；

29.2 测评专家组依据申报材料进行测评，形成评价报告；

29.3 重点评价申报人在企业文化建设方面的先进性和作用；

29.4 企业文化专家委员会初审意见；

29.5 中国企业文化管理专业委员会评审意见；

29.6 中国文化管理学会最终审定；

29.7 为简化手续、提高效率，以上流程对应扩展适用于企业子文化建设先进（优秀）个人和企业专项文化建设先进（优秀）个人认定流程。

### 30. 全国企业文化突出贡献人物认定流程

30.1　所在企业推荐，本人自愿填报“全国企业文化管理测评个人评价申报考核表”，并报送论文论著等相关资料；

30.2　测评专家组依据申报材料进行测评，形成评价报告；

30.3　重点评价申报人在企业文化方面的突出贡献和重要作用；

30.4　企业文化专家委员会初审意见；

30.5　中国企业文化管理专业委员会评审意见；

30.6　中国文化管理学会最终审定；

30.7　为简化手续、提高效率，以上流程对应扩展适用于企业子文化突出贡献人物和企业专项文化突出贡献人物认定流程。

### 31. 全国企业文化领军人物认定流程

31.1　所在企业推荐，本人自愿填报“全国企业文化管理测评个人评价申报考核表”，并报送论文论著等相关资料；

31.2　测评专家组依据申报材料进行测评，形成评价报告；

31.3　重点评价申报人在企业文化方面跨行业的影响力和引领作用；

31.4　企业文化专家委员会初审意见；

31.5　中国企业文化管理专业委员会评审意见；

31.6　中国文化管理学会最终审定。

## 三、COCS 标准经典案例库

### 32. COCS 标准经典案例库的建立

为了不断提高企业文化管理水平与研究能力，大力推介企业文化建设的好做法好经验，扩大企业文化影响力，共享企业文化管理测评新成果，COCS 标准设立企业文化经典案例库，由中国企业文化管理专业委员会责成企业文化专家委员会具体管理，加强对企业文化管理和理论研究的引导，为努力开创企业文化建设新局面服务。

## 33. COCS 标准经典案例库的管理

**33.1 管理机制**：COCS 标准经典案例库实行开放式动态管理，经常性扩充更新库存案例，着力构建充满活力、富有效率、有利于企业文化研究和发展的管理机制，使 COCS 标准经典案例库成为企业文化创新服务品牌平台。

**33.2 入库范围**：在 COCS 标准测评中获得“全国企业文化子文化建设先进（优秀）单位”以上荣誉称号企业的特色突出、具有典型示范意义的企业文化建设优秀案例，经专家推荐、企业申报和作者自荐等方式，纳入 COCS 标准经典案例库管理、发布和推介。

**33.3 入库流程**：

33.3.1 选择在 COCS 标准企业测评荣誉认定模式并获得荣誉称号；

33.3.2 专家推荐、企业申报或作者自荐；

33.3.3 填报《中国企业文化管理经典案例入库审批表》；

33.3.4 企业文化专家委员会受理，组织有关专家审阅；

33.3.5 专家与案例作者共同修改，必要时安排调研，保证案例质量；

33.3.6 入库管理，编入目录，便于检索和推介。

**33.4 类别与使用**：

33.4.1 教学案例：经 COCS 标准测评获得“全国企业文化子文化建设先进（优秀）单位”及其以上称号企业的好的做法和工作经验，可以形成教学案例，纳入 COCS 标准经典案例库，编入国家图书馆收藏的《中国企业文化优秀成果案例集》，并在企业文化岗位培训教学时宣讲研讨。

33.4.2 经典案例：经 COCS 标准测评获得“全国企业子文化建设示范基地”及其以上称号企业的突出成果，可以形成经典案例，编入国家图书馆收藏的《中国企业文化优秀成果案例集》，中国企业文化管理官方网站开辟专栏公开发表，并在“中国企业文化管理年会”正式发布。

33.4.3 构建模式：具有跨行业示范意义的突出案例，可以总结提升为成为“中国企业文化管理模式”，纳入 COCS 标准经典案例库，中国企业文化管理官方网站开辟专栏公开发表，编入国家图书馆收藏的《中国企业文化优秀成果案例集》或出版专著，并在“中国企业文化管理年会”正式发布。

### 33.5　入库应用工具:《中国企业文化管理经典案例入库审批表》样本。

**中国企业文化管理经典案例入库审批表**

审表二　　　　　　　　　　　　　　　　　　　　　　　　NO:

<table>
<tr><td>企业名称</td><td colspan="5"></td></tr>
<tr><td>案例标题</td><td colspan="5"></td></tr>
<tr><td>主创人员</td><td colspan="5"></td></tr>
<tr><td>联系人</td><td></td><td>职务</td><td></td><td>联系方式</td><td></td></tr>
<tr><td>内容简介</td><td colspan="5">(可另附纸填写)</td></tr>
<tr><td>企业领导审批意见</td><td colspan="5">领导签字:<br>(单位盖章)<br>年　月　日</td></tr>
<tr><td>推荐专家</td><td colspan="5">专家签名:<br>年　月　日</td></tr>
<tr><td>企业文化专家委员会意见</td><td colspan="5">主任签字:<br>年　月　日</td></tr>
<tr><td>中国企业文化管理专业委员会意见</td><td colspan="5">领导签字:<br>(单位盖章)<br>年　月　日</td></tr>
<tr><td>检索编号</td><td colspan="2"></td><td>归档时间</td><td colspan="2"></td></tr>
</table>

## 四、中国企业文化专业人才库

### 34. 中国企业文化专业人才库的建立

为认真贯彻落实《国家中长期人才发展规划纲要(2010—2020)》关于“加强人才工作基础性建设”的要求,深入开展人才理论研究,加强人才学科和研究机构建设，国家决定建立人才信息网络和数据库，文化部相应建立“国家文化专业人才库”。经文化部相关部门同意，中国企业文化管理专业委员会会承担“国家企业文化人才库”的建立和管理，负责企业文化人才的登记推荐和企业文化人才库的维护管理等工作，为建设社会主义文化强国提供企业文化专业人才有力支撑。

## 35. 中国企业文化专业人才库的管理

中国企业文化管理专业委员会会负责企业文化专业人才库的建立和维护管理。

### 35.1 入库范围

在全国企业文化领域从事理论研究、教育培训和咨询指导，各级各类企业中企业文化建设的领导者、组织者、管理者、实践者、操作者等，遵守国家法律法规，热爱企业文化事业、成果突出的优秀人才。

### 35.2 入库条件

中国企业文化专业人才库分为“中国企业文化专家人才”和“中国企业文化管理人才”，入库条件分别为：

35.2.1 中国企业文化专家人才入库条件：

35.2.1.1 具有高级职称或国家级会员资格；

35.2.1.2 学术成果获省级以上等次奖（国家或省级政府设立认可）；

35.2.1.3 正式出版企业文化专著，或在核心期刊发表论文两篇以上；

35.2.1.4 中国企业文化专家委员会专家委员、特邀研究员等可直接纳入专家人才管理。

35.2.2 中国企业文化管理人才入库条件：

35.2.2.1 经 COCS 标准测评获得“全国企业文化突出贡献人物”和“全国企业文化领军人物”荣誉称号可申请入库管理；

35.2.2.2 经 COCS 标准测评认定为“全国企业文化建设先进单位”及其以上认定模式企业的企业文化总监和高级企业文化管理师可申请入库管理；

35.2.2.3 正式出版过企业文化专著，或在省级以上学术期刊发表论文五篇以上可申请入库管理；

35.2.2.4 中国企业文化专家委员会专家委员、特邀研究员等可直接纳入管理人才管理。

35.2.3 破格入库条件：

在企业文化研究和实践方面业绩显著、特别优秀或有重大贡献人员，经中国企业文化管理专业委员会推荐认定可破格入库。

### 35.3 入库申报流程

中国企业文化人才库采用组织推荐与个人申报形式，并执行以下入库申报流程：

35.3.1 填写《中国企业文化人才库推荐审批表》：本人自愿填写《中国企业文化人才库推荐审批表》，经单位签署意见后报送中国企业文化管理专业委员会，一式三份并附电子文档。

35.3.2 报送有关资料：与《中国企业文化人才库推荐审批表》同时报送本人学术成果有关复印件、实物资料、媒体报道和影音制品，以及本人所获荣誉与奖项等资料。

35.3.3 受理申报：中国企业文化专家委员会负责受理，并向申报人反馈资格审察情况。

### 35.4 入库确认程序

中国企业文化人才入库采取初审、复审和审定三级确认制度，保证入库程序和标准。

35.4.1 初审：中国企业文化专家委员会负责受理申报，进行申报资格审察并提出初审意见；

35.4.2 复审：中国企业文化管理专业委员会根据初审意见进行复审，并形成评审意见；

35.4.3 审定：中国文化管理学会根据初审意见进行审定，并形成最终审定意见；

35.4.4 建档：中国企业文化专家委员会依据中国文化管理学会最终审定意见，建立相应的管理档案，实行规范化管理。

### 35.5 入库应用工具：《中国企业文化人才库推荐审批表》。

**中国企业文化人才库推荐审批表**

审表三　　　　　　　　　　　　　　　　　　　　　　　　　　NO：

<table>
<tr><td>姓名</td><td></td><td>性别</td><td></td><td>民族</td><td></td><td>出生年月</td><td></td></tr>
<tr><td>单位</td><td colspan="2"></td><td>住址</td><td colspan="2"></td><td>学位学历</td><td></td></tr>
<tr><td>职务</td><td colspan="2"></td><td>职称</td><td colspan="2"></td><td>政治面貌</td><td></td></tr>
<tr><td>电话</td><td colspan="2"></td><td>手机</td><td colspan="2"></td><td>Email</td><td></td></tr>
<tr><td>专业成果</td><td colspan="7"></td></tr>
<tr><td>获奖情况</td><td colspan="7"></td></tr>
<tr><td>单位意见</td><td colspan="7">领导签字：<br>（单位盖章）<br>年　月　日</td></tr>
<tr><td colspan="8">企业文化专家委员会考核初审意见：<br>主任签字：<br>（签章）<br>年　月　日</td></tr>
<tr><td colspan="8">中国企业文化管理专业委员会会评审意见：<br>负责人签字：<br>（签章）<br>年　月　日</td></tr>
<tr><td colspan="8">中国文化管理学会审定意见：<br>领导签字：<br>（签章）<br>年　月　日</td></tr>
</table>

### 35.6 维护管理

35.6.1　中国企业文化专业人才库实行动态管理，每年评审一次，及时调整和充实企业文化专业人才资源，畅通人才管理渠道，把中国企业文化专业人才库打造成为品牌专业人才库、知识库、智囊库。

35.6.2 建立充分发挥企业文化专业人才作用的工作机制，通过举办企业文化研讨会、报告会、高端论坛和中国企业文化管理年会等形式为企业文化专业人才提供高端文化平台。

35.6.3 定期举办专题座谈会，听取企业文化专业人才对发展繁荣企业文化方面的意见，提交国家文化部有关职能部门，为制订国家文化发展政策和方略提供依据。

35.6.4 定期举办联谊会、专题征文和内部培训等活动，增进了解，交流经验，为企业文化专业人才建立良好的沟通提升机制。

# 第三部分 COCS 标准有关过程控制程序文件

## 36．COCS 标准有关过程控制程序

### 36.1 COCS 标准有关过程控制目的：

通过对 COCS 标准有关程序实施过程控制，明确实施 COCS 标准的阶段性控制项目，有效控制 COCS 标准测评过程，保证 COCS 标准受理申报与测评结果的客观性、有效性和规范性。

### 36.2 COCS 标准有关过程控制范围：

36.2.1 控制范围：适用于 COCS 标准申报、受理、测评、认定和发布工作全过程，由企业文化专家委员会负责实施有关过程控制。

36.2.2 扩展适用：COCS 标准企业测评有关过程控制程序扩展适用于企业子文化和企业专项文化测评相应过程控制。

### 36.3 COCS 标准企业测评申报受理过程控制：

36.3.1 企业领导批准：申报企业填报的《中国企业文化管理测评申报表》是否经过领导签字批准；

36.3.2 加盖企业公章：申报企业填报的《中国企业文化管理测评申报表》是否加盖企业公章；

36.3.3 申报材料初审不符合：申报材料初审不符合申报要求的返回企业，在测评专家指导下补充完善；

36.3.4　申报条件初审不符合：初审发现申报条件不具备的退回申报企业，待条件具备时重新申报。

36.3.5　企业文化管理测评申报流程及过程控制图：

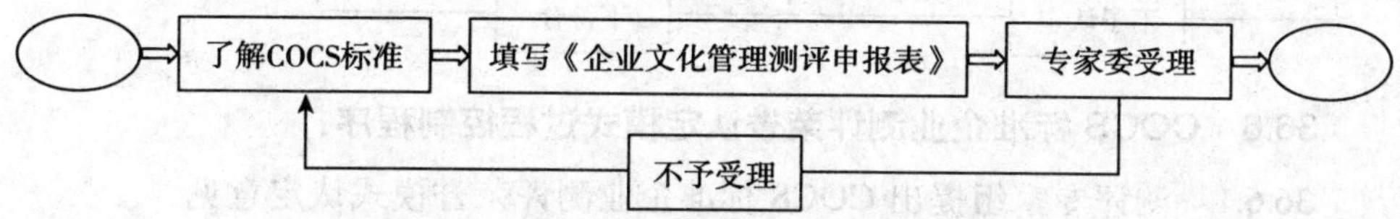


## 36.4　全国企业文化人才评价申报受理过程控制程序：

36.4.1　批准盖章：由申报人填报的《中国企业文化人才评价申报考核表》是否经所在企业领导签字批准并加盖公章；

36.4.2　申报材料初审不符合：申报材料初审不符合申报要求的返回申报人，在测评专家指导下补充完善；

36.4.3　申报条件初审不符合：初审发现申报条件不具备的退回申报人，待条件具备时重新申报。

36.4.4　全国企业文化人才评价申报流程及过程控制图：

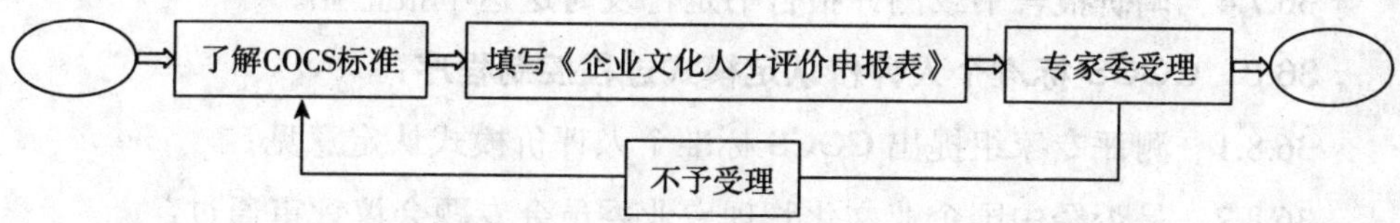


## 36.5　COCS 标准企业测评实施过程控制程序：

36.5.1　成立测评专家组：企业文化专家委员会根据申报企业具体情况，组成测评专家组；

36.5.2　实施测评：测评专家组按照 COCS 标准有关实施流程开展测评工作；

36.5.3　不符合项处置：测评专家组对测评过程中发现的不达标项目开具“不符合项报告书”，提出及时改进或限期改进意见；

36.5.4　归档管理：测评专家组对测评过程中形成的全部原始记录整理归档；

36.5.5　COCS 标准企业测评实施过程及控制图：

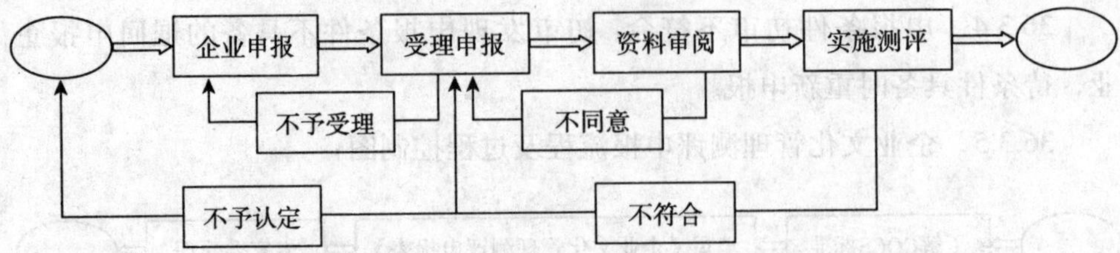


**36.6　COCS 标准企业测评荣誉认定模式过程控制程序：**

36.6.1　测评专家组提出 COCS 标准企业测评荣誉模式认定意见；

36.6.2　是否经中国企业文化管理专业委员会专题会议评审通过；

36.6.3　是否报中国文化管理学会最终审定；

36.6.4　没有通过中国企业文化管理专业委员会评审、中国文化管理学会最终审定的申报企业，是否及时反馈评审结果。

**36.7　COCS 标准企业测评报告书认定模式过程控制程序：**

36.7.1　测评专家组是否按时出具调研报告书或测评报告书；

36.7.2　是否经中国企业文化专家委员会专题会议讨论通过；

36.7.3　是否报中国企业文化管理专业委员会审定；

36.7.4　调研报告书或测评报告书是否及时送达申报企业。

**36.8　COCS 标准个人评价认定模式过程控制程序：**

36.8.1　测评专家组提出 COCS 标准个人评价模式认定意见；

36.8.2　是否经中国企业文化管理专业委员会专题会议评审通过；

36.8.3　是否报中国文化管理学会最终审定；

36.8.4　没有通过中国企业文化管理专业委员会评审、中国文化管理学会最终审定的，是否将结论及时反馈申报人。

**36.9　COCS 标准企业测评荣誉认定模式发布过程控制程序：**

36.9.1　文件控制：经中国文化管理学会批准，确定 COCS 标准企业测评荣誉认定模式获评企业名单并形成正式表彰文件；

36.9.2　媒体发布：经中国企业文化管理专业委员会批准，在“中国企业文化管理”官方网站和中国企业文化管理专业杂志及有关媒体等公开发布 COCS 标准企业测评荣誉认定模式获评企业名录；

36.9.3　年会公布：经中国文化管理学会同意，由中国企业文化管理专业委员会主办，召开“中国企业文化管理年会”，公布 COCS 标准企业测评荣誉认定模式获评企业名录。

**36.10 COCS 标准个人评价认定模式发布过程控制程序：**

36.10.1 文件控制：经中国文化管理学会批准，确定 COCS 标准个人评价认定模式名单并形成正式文件；

36.10.2 媒体发布：经中国企业文化管理专业委员会批准，在“中国企业文化管理”官方网站和中国企业文化管理专业杂志等公开发布 COCS 标准个人评价认定模式名单。

36.10.3 年会公布：经中国文化管理学会同意，由中国企业文化管理专业委员会主办，召开“中国企业文化管理年会”，公布 COCS 标准个人评价认定模式名单。

**36.11 企业文化建设满意度调查过程控制程序：**

36.11.1 满意度调查的主要内容：围绕员工和用户关注的企业文化建设过程中的热点、难点、重点问题开展满意度调查；

36.11.2 满意度调查表发放对象：企业高层管理人员、中层管理人员和基层工作人员和员工代表按照合理比例分别发放满意度调查表；

36.11.3 满意度调查表指标设置：满意度调查表设置“非常满意、满意、基本满意、不满意、非常不满意”5 个指标；

36.11.4 满意率统计：调研结果中“非常满意、满意、基本满意”三项指标之和占收回满意度调查表指标数量的百分比；

36.11.5 企业文化建设满意度测评报告：测评专家组对满意度调查结果进行统计分析，得出定性或定量的结论，作为“企业文化管理测评报告”的必要依据。

**36.12 企业文化建设调研过程控制程序：**

36.12.1 调研专题确定：测评专家组根据申报企业有关情况和调研需要选择确定有关调研专题；

36.12.2 调研方法选择：测评专家组采用高层访谈、召开座谈会、问卷调查、抽样调查、深度访谈等方法开展专项调研活动；

36.12.3 撰写调研报告：测评专家组形成“企业文化管理调研报告”或

"企业文化管理测评报告"，提交中国企业文化管理专业委员会；

36.12.4 调研成果反馈：中国企业文化管理专业委员会按照有关程序以"企业文化管理调研报告"或"企业文化管理测评报告"的形式反馈给申报企业，作为企业文化建设持续改进的重要依据。

# 第四部分 附则

## 37. COCS 标准支持系统

为了保证企业文化管理测评过程和认定成果的客观性、公正性和有效性，COCS 标准建立了强大的支持系统，主要包括专家支持系统、文件支持系统、培训支持系统和策划支持系统等。

## 38. COCS 标准版本升级

《中国企业文化管理测评标准 2.0》具有可完善性，中国企业文化管理专业委员会将根据实施过程中的有关情况，按审定程序予以修订，与时俱进，不断发展，使之更具前瞻性、适用性和指导性。

## 39. 中国企业文化管理年会

为了保证 COCS 标准的先进性、适用性和科学性，中国企业文化管理专业委员会每年召开"中国企业文化管理年会"，总结部署企业文化建设有关工作和要求，表彰各会员单位取得的突出业绩，分享有关专家学术研究成果，为各级各类企业提供经验交流和形象展示平台，引导和促进全国企业文化建设健康发展。

## 40. COCS 标准解释权

本标准解释权在中国企业文化管理专业委员会。

# 全国企业文化示范基地风采

【大唐电信集团企业文化案例】

# 塑造软环境　提升硬实力　创造新价值

李　岚　曹　煦

## 企业文化建设工作取得积极成效，集团社会形象及影响力明显提升

2011年是“十二五”的开局之年，是大唐电信集团围绕“十二五”战略规划，增强科技创新能力，深化产业结构调整，加快市场开拓，实现企业转型发展的关键年，也是打造“一个大唐”工程的初始之年。在集团向着信息通信领域具有特色和独特竞争力的企业集团迈进的过程中，企业文化建设工作已经成为集团推动各项事业又好又快发展的有力抓手和有效支撑。经过不懈努力，集团的企业文化建设工作初步形成了良好的工作格局，呈现出积极的发展态势。

### 1.“一个大唐”理念逐步深入人心

2011年度集团工作会上，党组提出打造“一个大唐”系统工程后，以企业文化建设作为突破口，从传播、造势、舆论等方面扎实推进相关工作，取得了良好效果。

集团组成宣讲团，在北京、西安、上海三地举行四场报告会，面向集团各单位中层以上领导及各级工会干部500余人，透彻宣讲集团“十一五”期间跨越式发展取得的成果、“十二五”期间的发展战略蓝图，明确提出“一个大唐”主旨，并组织观看相关展览。

组织“一个大唐”主题征文活动，各单位踊跃参与，一批获奖作品脱颖而出，达到了以正确的舆论引导思想，以大局的意识指导行为，以优秀的作品鼓舞员工的活动主旨；举办征集“大唐之歌”歌词活动，力求使其成为大唐电信集团企业文化的醒目标签，以“司歌”传播“一个大唐”的核心内涵和

价值导向；开展党建思想政治工作座谈及调研学习活动，查找问题和不足。

上述工作的开展和尝试，极大地鼓舞了广大干部员工的斗志，丰富了员工的精神生活，并面向未来形成统一的集团意志。“一个大唐”理念逐步深入人心，做到了“一个大唐，文化先行”，为系统提升集团整体协同价值创造能力、有效提供集团整体资源使用效率和产出效益起到了引领观念、统一思想的良好作用。

**2. 首度发布企业社会责任报告**

今年 5 月，大唐电信集团通过发布 2006–2010 年企业社会责任报告，全面展示了大唐承担和履行社会责任工作的实践和经验，充分体现了“十一五”期间，大唐以务实的行动、科学的方式、出色的业绩，争做优秀企业公民，全面践行中央企业社会责任的历程。

这是大唐电信集团首次发布社会责任报告，也是企业披露可持续发展理念与实践的积极行动，多家中央级媒体对此进行了专题报道。大唐也荣获中国企业社会责任年会颁发的“2011 中国社会责任特别大奖”和“2011 中国社会责任创新奖”两项大奖。

**3. 以人为本，打造内涵丰富、特色鲜明的企业文化精品活动**

2010 年岁末，举办“大唐风采杯”企业文化辩论赛，围绕企业核心价值导向设置辩题，9 支代表队在辩论的过程中，深入宣传集团核心理念，充实企业文化活动载体，展现大唐人良好的精神风貌。唇枪舌剑之中，集团“创新　市场　诚信　责任”的核心价值观悄然内化于辩手和观众的心中；推出“集团领导谈文化”系列访谈，通过强化传播对集团领导的约稿或访谈，使员工能够倾听、感受集团领导对企业文化建设的真知灼见，充分发挥领导垂范在企业文化落地工作中的作用；成立大唐集团摄影协会，通过定期举行采风、交流、讲座、影集、影展等多种活动，使会员更好地用镜头发现美、捕捉美，收天地于方寸、化瞬间作永恒；开辟集团绿化基地，绿化基地位于昌平区虎峪园林山庄，落成于 2011 年 4 月，一颗颗新绿象征着大唐对社会和员工的长期承诺，也将会如同这片绿荫一样，郁郁葱葱，生生不息；在央企中率先发布《员工健康工程规划》，并将每年的 5 月 15 日确定为“大唐员工健康日”，规划发布当天，600 余名集团在京员工参加了第一届环奥林匹克公园长走比赛；集团积极贯彻以人为本理念，通过坚持推行员工全员体检、建立员工活动中心、有计划地推进企业“职工之家”建设和定期召开职工运动会、每年举办十余项体育联赛等广泛性文化体育活动等措施，不断推进员工身心健康建设。

通过形式多样、内涵丰富的主题活动使集团核心价值观深入人心，为集团企业文化建设提供了实实在在的工作内容和良好的人文环境。

**4. 拓宽集团文化表达渠道，提升文化品牌**

集团企业文化建设工作的成果和经验得到了上级领导和有关部委的充分肯定。财政部在编写企业内部控制规范的权威性解释读本《企业内部控制规范讲解（2010)》时，特意将集团企业文化建设案例《建设大唐特色文化，打造科学发展软实力》收录于书中，认为案例为其他企业开展企业文化建设、规范企业内控体系提供了借鉴。在国家图书馆出版发行的《中国组织（企业）文化优秀成果案例集》一书中，收录了集团企业文化建设案例《让企业“文化”起来》，中国文化管理学会专家在点评中对集团与时俱进的企业文化给予高度评价，在有关企业文化论坛和图书发行仪式上还大力推介大唐企业文化的亮点和特色，并颁发了《国家图书馆收藏证书》。

集团获评“全国企业文化建设示范基地”，真才基董事长获“全国企业文化建设领军人物”称号。大唐成为首家获得这一殊荣的中央企业，集团的文化影响力和品牌张力得以提升。

**5. 改版内刊通讯，提升企业窗口形象及影响力**

2011年，集团“十二五规划”开局之年，大唐电信集团将品牌建设及企业文化建设作为企业软实力塑型的重要突破口，集团党组决定将《大唐电信集团通讯》改版为8开96版的综合性月刊，栏目涵括集团要闻、党群工作、创新成果、封面报道、文化风采、风景线、视界、部委信息、行业动态、海外浏览、轻松阅读等，栏目数量较2010年扩大近1倍；2011年通讯每期内容容量近10万字，是2010年每期容量的近5倍；同时通讯发行范围继续扩大，现已辐射国资委、工信部、发改委、科技部等上级主管部委以及财政部、商务部、国家知识产权局、国家工商总局等相关部委；各中央企业领导层；行业客户；上百家国内媒体等，期发行量超过3500份。

改版后的《大唐电信集团通讯》正以全新的面貌，对内承担着“集团与各分公司联络的桥梁，员工学习知识、交流思想、展示自我的平台”；对外承担着“展示集团内涵、树立集团形象、传播集团品牌”的重要使命。更重要的是，作为一家企业内刊，其视野已不仅局限于本企业范畴，《大唐电信集团通讯》致力于站在全产业链的高度，纵览全球通信产业最新发展，并结合本企业发展实际，深入剖析事关 TD 产业健康发展、国家信息安全等重大产经问题。

《大唐电信集团通讯》的成功改版得到了来自上级主管部门、行业客户、集团内部员工的关心与肯定：国务院国资委宣传局卢卫东局长对集团新闻宣传工作及集团通讯给与了高度评价；中宣部宣教局荆惠民局长在集团考察调研中，认真阅读集团通讯，并对集团通讯提出了许多宝贵建议，中华全国新闻工作者协会常务副主席兼党组书记翟惠生来到集团参观，对集团通讯表示高度肯定；此外，为支持集团通讯建设，国务院国资委宣传局副局长韩天、国资委研究局副局长楚序平、中国移动广东公司总经理徐龙等都接受了集团通讯的专访。同时，集团通讯也引起了行业客户、新闻媒体的关注：中兴通讯在收到集团通讯后，派企业文化部等人员专程赴集团考察交流，部分中央企业已与我集团开始了当月通讯交换，相互沟通学习。

**6. 与创先争优等活动相结合，为党群工作提供价值导向**

作为中央企业，大唐电信集团各级党组织着力强化在企业文化建设方面的引领作用，将思想政治工作和企业文化建设有机紧密结合，尤其在创先争优活动中，通过策划、组织、实施“十大活动”，尤其是诸如集团庆祝建党 90 周年大会、先进党员和组织评选等一批重大活动的圆满举行，为集团的经营管理和科学发展营造了和谐的文化环境，提供了强大的精神动力，发挥了凝聚作用、导向作用、激励作用和规范作用。真正将党的政治优势转化为推动集团科学发展的核心能力，为全面实现集团“十二五”战略目标，提供坚强的思想保障、组织保障和文化保障。

## 内强素质，外塑形象，推进企业文化工作再上新台阶

企业文化建设工作在集团发展中，担负着统一思想、凝聚力量的重大任

务。实践证明，实现企业又好又快发展，离不开良好的文化氛围和舆论环境，大唐电信集团的企业文化建设者、传播者和推动者们，必须增强做好企业文化工作的紧迫感和责任感，主动适应集团建立现代企业制度的新要求，主动适应参与国际化竞争和扩大对外开放的新特点，主动适应广大干部员工思想观念和利益诉求发生的新变化，不断增强企业文化工作的时代感、针对性和有效性，为集团科学发展提供强大的精神动力。

结合集团发展实际，今后一段时期，集团企业文化建设工作的总体思路是：围绕“坚持科学发展，着力做强做优”的集团工作总纲，探索“一个大唐”文化工程建设新途径，塑造软环境，提升硬实力，创造新价值，更好地发挥企业文化工作在全面实现集团战略目标过程中的支撑保障作用。

## 总结经验　继续发挥企业文化引领作用

企业文化是集团发展的重要软实力，在集团跨越式发展的今天，确保“一个大唐”理念和内涵落地生根，对保障集团战略目标全面实现具有极其重要的意义。完成 2011 年的企业文化建设及落地工作后，大唐电信集团从具体实践中总结到以下经验：

**1. 领导重视，率先垂范**

“再好的口号比不上领导的亲身示范。”管理的实质就是树立榜样，在践行集团企业文化尤其是“一个大唐”理念的过程中，各级领导干部责无旁贷，使命重大。领导干部要率先垂范各种行为准则，带头执行各种规章制度，要身体力行，言传身教，身先士卒，在企业内部逐步构建、推行企业文化，让集团的核心价值观在潜移默化中成为所有行为的最高准则和终极目标。

**2. 多措并举，破解“落地难”和“两张皮”现象**

坚持大力宣贯，在系统性、经常性、层次性上加强企业文化的培训灌输力度，提高核心价值观和“一个大唐”理念及其内涵在员工中的认知度和认同感。认知是认同的前提，认同又是实践的前提，企业文化要落地，一定是长期“宣贯”的过程，真正使企业文化内化于心，没有捷径可走。

坚持通过编写企业文化故事、案例征集、评选等工作，积极探索企业文化的作用机制，营造统一的文化氛围，建立一种独特的文化秩序，切实发挥企业文化推动企业和谐发展的作用。

坚持强化企业文化仪式。营造浓厚的企业文化氛围，是企业文化建设取得成功的标志之一，而利用文化仪式可以达到有效营造企业文化氛围的目的。我们要善于利用，充分引导，加强仪式管理和氛围塑造，有意识地展示、传播集团良好的企业形象和文化风貌。

创新是大唐企业文化的基因，在企业文化的落地工作过程中，要善于创新工作方式方法，敢于突破传统，突出实践特色。要紧密结合企业生产经营与管理实践，促进文化理念与企业管理深度融合，不断丰富管理内涵，实现企业管理水平持续提升。

**3. 加强组织保障，完善制度，有序推进文化建设**

作为集团公司，集团各下属单位必须明晰企业文化建设的组织保障体系，明确资源保障、激励约束等运行机制，才能有效地组织管理促进企业文化建设有序运作、高效推进，进一步推动集团企业文化建设及落地工作。

各单位在建设内部协同长效机制、优化管理制度体系、完善各项经营管理制度时，必须以集团核心价值观和“一个大唐”思想为导向，实现企业文化与经营管理的对接与融合，使全体员工既有共同的价值导向和精神动力，又有制度的规范和约束。

大唐电信集团将以中央出台《“十二五”加强组织（企业）文化建设的若干意见》为契机，以支撑集团“十二五”发展战略为要旨，制定集团“十二五”企业文化建设纲要，明晰、促进集团企业文化建设的阶段性任务，更好地发挥企业文化对集团各项事业发展的辅助匹配作用，打造我国电子信息通信领域内国家重点培育的、拥有自主知识产权、具有综合创新能力和国际竞争力的大型高科技现代中央企业！

## 【江宁区财政局组织文化案例】

# 以文化为魂，引领江宁财政新发展

江宁区财政局

2011 年，江宁区财政局将文化体系和财政工作实践相融合，引导干部职工将理念内化于心，将制度、行为、视听系统外化于形，以文化人、以文化力、以文聚力，全体财政干部的思想达到了新境界、工作能力达到了新水准、工作成效达到了新高度，财政各项工作在高平台上实现了新跨越，在减收增支叠加的情况下，全年完成地方财政总收入 216.4 亿元，同比增长 32.1%，其中一般预算收入 115.1 亿元，同比增长 23.8%，继续保持“苏南第一方阵”位次。先后荣获全国青年文明号、全市财政系统先进集体、全区四项建设先进集体等 30 多项荣誉。

## 一、持续改进，在实践中积累文化、创新文化、发展文化

随着形势的变化，江宁区财政局不断完善和持续改进财政文化体系，把文化积累作为促进文化建设的转折点和提升点，汲取长期发展实践中连续传播、不断积累的文化精髓，注重文化创新，注意在继承文化传统中注入时代精神，注意学习吸收优秀文化成果、取长补短，在积累中发展，在积累中突破，深入发掘和建立了 18 个科室子文化、廉政文化体系，适时进行完善，进一步丰富了财政文化体系《江宁财韵》的内涵。同时，及时根据人员、岗位、法规变动情况，对制度识别系统的主体部分——标准化体系文件进行 3 次更新，形成了不断升华、持续改进的优良文化传统，使《江宁财韵》更富有时代气息，更符合组织发展阶段的实际。江宁区财政局文化建设经验入编了《组织文化建设优秀成果》，被国家图书馆永久收藏。

## 二、全员参与，用文化来服务员工、提高员工、引领员工

文化建设需要人人参与，江宁区财政局视员工为文化建设的主人、主体、主力军，把文化建设的出发点和落脚点始终放在尊重人、关心人、帮助人、培养人和提高人上。进一步完善《文化管理积分办法》，对积分的内容、标准、结果运用进行修订，用正激励的方式引导职工人人参与文化建设；重点整合党、团、工会、妇委会力量，按季组织丰富多彩、喜闻乐见的文化教育和活动，做好市局庆祝建党 90 周年大型文艺活动、区和谐大舞台演出的策划排练和正式演出活动，重点发挥兴趣小组作用，按需举办文化活动，使每个财政干部在文化活动中体验财政文化，不断满足员工的精神文化需求；制订第四届文化活动月策划方案，开展启动仪式、行为标兵评比、演讲、讲座、运动会等 12 项活动，传播文化理念，为干部职工搭建了展示自己特长、显示自身亮点、迸发自我潜能的舞台；策划制作文化视频 45 期，编制文化简报 24 期，更新二楼触摸屏，三楼廉政文化长廊、楼道海报，营造了良好的文化氛围；深入挖掘先进典型人物事迹，制作宣传片进行播放，以先进典型引导政风行风转变，集中展示财政良好形象，传播深植文化，增强干部的认同感、归属感，提高团队凝聚力；通过开展“我为财政建设献一计、进一言、做一事活动”，激励广大干部职工一言一行展示财政文化，一举一动有利财政进步，一点一滴为财政增砖添瓦，建功立业；重点围绕财政精神化管理热点、难点，有序开展第二届青年讲坛活动，根据专家推荐和职工要求，定期购买涉及人文社会、财政管理、金融类等书籍以供职工阅读，提高聚财理财能力，提升干部的素质。通过全员参与，注重发挥员工的体作用，使员工的全面发展，将财政和谐发展推向更高层次。

## 三、重在实效，用文化来服务中心、服务大局，创新工作

江宁区财政局以实际行动推动文化管理，以文化管理来提升工作绩效。加强制度的执行，结合廉政风险点排查，抓住关键环节进行控制，优化工作流程，提高管理效率，实现工作路径最短化、工作质效最优化、内部控制最

佳化。使用标准化软件进行标准化体系的日常管理，积极做好信息化条件下标准化管理课题的研究，荣获全区科技进步二等奖。配合全国标准化示范区创建，做好汇报、PPT 制作、台账资料准备等工作，得到专家一致好评，为全区标准化示范区顺利验收作出了贡献；加强行为规范的落实，全体财政干部用行为规范来体现财政文化理念，用行为规范来加强干部作风建设，用行为规范来展现财政干部形象，从行为规范中的“小事”抓起，把“小事”抓实，把“小事”抓好，注重细节管理，有效提高干部队伍的制度执行力，有力提升组织的凝聚力和创造力。绩效考核效果更加明显，修改岗位绩效评价工作指标内容，将节约型机关建设、引进资金、收入完成、支出规范程度等涉及聚财理财的指标纳入岗位绩效评价方案，加大绩效评价的引导力度，提升聚财理财水平。修改完善奖项设置，将财政业务调研工作纳入奖励范围，将创新奖内容与质效奖内容进行整合优化，完善争先进位奖内容以提高职工创先争优的积极性，使财政改革不断深化，财政资金管理更加规范高效，出对专项资金管理办法 26 个，获得区政府攻坚克难奖 1 个，局创新奖 2 个。提高了工作效率，对列入年度重点工作计划、月度工作计划以及领导交办的事项，按照完成时间和要求进行督办，及时做好督办催办工作，完成办文单督办 1685 件，因客观因素造成未及时办结 12 件，全局督办事项完成率比往年有所提高。全年重点工作、月度工作全部按时完成，服务对象对财政工作的满意率在全区名列前茅。

## 【冀中能源集团企业文化案例】

# 一主多优的聚和文化

杨秉华

聚和文化是冀中能源集团、子公司、矿厂三个层面的理论和实践总成。其核心内容包括：企业文化战略定位，核心元素，9 条理念，视觉识别系统，COCS 测评系统。我们通过对集团成员单位的历史传承和深厚积淀理性分析，并结合集团的组建方式、管控模式、发展战略、愿景使命的定位和考虑，将文化战略定位为“聚和文化”。其核心元素是“聚、大、搏、强、和”。冀中能源是“生于聚、基于大、赢于搏、志于强、兴于和”，聚是基础，大是境界，搏是精神，强是目的，和是根本。聚和文化建设在集团、子公司、矿厂三个层面体现出“一主多优、和而不同”的特点。“一主”就是以集团公司职责定位为核心指导，推进聚和文化的 VI 和核心价值体系在全集团成员企业（主要是主业及相关产业）中集中统一；“多优”就是推进和协调冀中能源整体品牌和有关子品牌建设，指导子公司、矿厂窗口单位、有关分支文化的建设，实现落地深植。目前，峰峰集团、股份公司、邯矿集团、张矿集团、邢矿集团、井矿集团等单位都形成了承上启下、独具特色的子文化体系，集中体现出“多优竞发”的局面。

峰峰集团以冀中能源聚和文化引领子文化建设，结合本单位实际，本着准确定位、深度融合、富有特色、力求先进、易于践行的原则，对原有文化体系进行梳理、提炼和完善，最终形成了包括“冀中能源峰峰集团企业文化渊源、峰峰文化元素、峰峰文化特征、峰峰文化框架、冀中能源峰峰集团理念系统、FRIP 人本精细化管理模式、冀中能源峰峰集团六六安全文化架构、冀中能源峰峰集团安全系统观”为内容的峰峰文化体系，实现了母子文化的融合对接。“峰峰文化”有着悠久的历史渊源，有着独特的地域优势和厚重的人文优势，因地域和人文优势而得名，因生生相惜、薪火相传而厚重大气；有着传承的创新优势和聚和的提升优势，因峰外有峰、以变求进而连绵不绝、不断攀登。特别是近两年来，在“聚和文化”统领下，峰峰文化得到了长足发展，优势进一步显现。“峰峰文化”以峰之脉——自强、峰之基——务实、峰之本——为民、峰之力——团结、峰之源——创新、峰之韵——致和为元素，为企业永续发展注入了不竭动力，使企业文化成为以人为本、精细管理、诚实守信、追求卓越的“峰峰文化”。特别是在冀中能源集团聚和文化统领下，以企业发展战略和奋斗目标为引领，以人本精细化管理为基础，以安全生产为重点，以五精九力为抓手，以文明行为养成、环境建设和企业形象为支撑，由精细化管理起步，逐步向精准、精确、精益、精美管理境界迈进，为企业又好又快发展提供了文化深厚的基石和最有力的支撑。“峰峰文化”进一步提炼并完善了以建成主业突出、结构合理、极具竞争力的现代化能源化工集团为企业愿景，以“三步走”、“翻两番”、再造两个峰峰集团为企业目标，以主业突出、多元并举、创新驱动、跨越发展为企业方针，以峰外有峰、以变求进为企业哲学的理念系统，涵盖了管理、经营、学习、创新等十三个方面。在理念的引领下，峰峰集团进一步完善和提升了FRIP精细管理模式，确立了5E、6S等十二个要素和编码、定置等四项技术支撑，夯实了精细化管理基础。在此基础上，峰峰集团探索推行五精管理，全力打造九力团队，将企业文化向井下、现场、岗位、人员延伸，推动了企业文化落地坐实，生根开花，使现场安全管理和员工操作规范发生了质的变化。峰峰集团在企业文化建设中突出安全文化建设，构建了“六六”安全文化架构，基层各单位具体抓、抓落实，安全文化建设亮点纷呈，新三矿“24小时安全掌控管理法”，牛儿庄采矿有限公司质量标准化建设，梧桐庄矿军事化管理，小屯矿手指口述、岗位描述等等，实现了文化管理的“本土”化，创出了特色，取得了实效。

作为冀中能源集团煤炭产业的核心子公司，冀中能源股份公司按照集团公司“一主多优，和而不同”的总体部署，几年来企业文化建设起点高、见效快。尤其是去年以来，他们在大力宣贯“聚和文化”的同时，对自身发展历程进行了深入总结和锤炼，经深入调研、广泛听取各方意见、企业文化专家论证完善，确立了以“学习、创新、争先”三元互动为根基，“平安、和谐、幸福”三维并举为根本，六大分支文化为支撑的“超越文化”体系。“超越文化”把“学习、创新、争先、平安、和谐、幸福”作为六大核心元素，并以此为切入点，形成了相应的文化理念和六大文化支撑体系，构建了系统完备、运行规范的长效机制，使企业文化的生根落地有了具体路径。这种把企业文化的六大核心元素作为理念词条和文化支撑体系的做法，不仅在设计形式上新颖简约，而且操作科学严谨，能够结合自身实际，立足企业发展。可以说，冀中能源股份公司“不断超越”的文化内涵，既彰显了自我独特个性，又实现了母子文化的对接融合、传承延伸。既是践行集团公司“不断创造历史”的核心价值观的实践取向和具体展现，同时也是他们未来发展的永恒动力，承载的神圣使命。公司也涌现出了东庞矿等多个践行企业核心价值观的典型代表。作为冀中能源集团煤炭产业的核心子公司，冀中能源股份公司以实现生产现场管理、岗位价值管理“双精优”为目标，以质量·环境·职业健康安全管理体系为基础，把企业文化的落地深植作为提升企业管理水平的重要手段，不断丰富“学习、创新、争先、平安、和谐、幸福”六大文化支撑体系建设。为了能够提升管理水平，他们对标国内外先进企业管理经验，完善精细化管理体系，在公司内部全面推行卓越绩效管理和全面预算管理，并不断深化内控体系建设，创新和优化了现有的管理方法和手段，“超越文化”落地的具体路径得到了全方位探索和推进，涌现出了邢台矿岗位价值精细管理模式等优秀典型，并被中煤政研会评审为“全国煤炭工业企业文化示范矿井”，邢台矿在企业文化落地深植上的探索和实践，具有很强的示范意义。作为冀中能源集团煤炭产业的核心子公司，冀中能源股份公司始终把安全生产放在企业发展的首要位置来抓，坚持以具有鲜明特色的安全文化引领企业安全生产。早在 2007 年底，他们就已经形成了以八项十三条安全理念为内容、以亲情教育建设为特色、以“13658”体系建设为主抓手的安全文化体系。几年来，他们的安全文化建设也得到了很好的推进和落实，实现了安全生产与快速发展的协调推进，安全生产形势始终保持全国行业领先水平。在此基础上，公司还涌现出了多个安全文化建设的新亮点，邢东矿以传统文化教育为重点，不断创新职工行为养成方式方法，矿井已实现安全生产 5 周年的好成绩。东庞矿的职工情绪、职工行为双跟踪双掌控，葛泉矿的职工思想情绪动态管理等优秀做法，使他们的安全文化建设实现了大发展、大繁荣。

邯矿集团党委以“研发新体系、拓展新层次、提升新境界”为目标，积极促进企业文化升级提档。一是增动力、激活力，体现认识新高度，提升文化新层次。特别是应用文化力引领推动企业在新一轮竞相发展中实现更大跨越的内在要求。邯矿集团一手抓聚和文化的深入宣贯，外增动力；一手把研发企业文化新体系、打造邯矿文化新品牌提上了日程，内激活力。去年，集团成立了研发组织机构，实行了课题攻关管理，经过三个多月的调查研究、梳理提炼、精心打磨，对邯矿文化进行了全面性、系统化的再认识、再升华、再弘扬，五易其稿、反复推敲后形成了《邯矿集团搏进文化体系》。二是继优秀、承传统，找准品名新定位，赋予文化新内涵。在对企业文化重新梳理、提炼的过程中，邯矿集团牢固树立冀中能源聚和文化的统领、主导地位，密切联系实际、继承优秀文化、立足重塑再造，对原文化体系进行了认真检视，剔除了落后时代、不合时宜甚至制约发展的“过时”内容，确定了搏进新品名，赋予了文化新内涵。如“搏进”二字萃取于“拼搏奋进”的邯矿文化底蕴当中，“搏”包含与市场搏、与自然搏、与自己搏三层寓意；“进”则体现了‘竞、劲、进、精、敬’五大元素和创新前进、协作奋进、合力共进三层含义。“搏进”是邯矿人永不服输、永不满足、永不停滞、永不懈怠的精神“内核”，代表了英雄几代人敢想敢干、勇往直前、追求卓越的心路历程和精神状态。从搏进文化的品名定位就可以看出，从新时期邯矿文化到搏进文化，不是简单的“物理嫁接”，而是一脉相承、淬火升级，既体现了鲜明的行业特点，煤味浓厚；又体现了鲜明的邯矿特质，邯味浓厚；还体现了鲜明的时代特征，品味浓厚。搏进文化体系的研发形成，不仅为承接冀中能源聚和文化打造了新平台，更为进一步延伸和拓展邯矿文化打开了新空间，是邯矿企业文化建设新的里程碑。这里需要特别说明一下邯矿搏进文化体系的“五层大厦”结构。从上到下排序，位于大厦顶端的第一层是聚和文化价值体系。第二层是“搏进文化”的释意、内涵、意蕴。第三层是“搏进文化”的四大支撑系统。第四层是“搏进文化”管理模式。第五层是“搏进文化”的分支文化体系。整体结构严谨，逻辑清晰，指导具体，载体明确。三是明方向、抓重点，打造文化新格局，推动企业新跨越。结合邯矿集团跨区域、跨行业、跨所有制整合经营步伐的日益加快实际，在隶属关系多层次、所有制结构多成分的新形势下，重新制定了《企业文化建设规划》，又通过召开搏进文化建设推进会，按照“提升、培育、完善”的要求，纵深推进冀中能源企业文化建设，不断巩固聚和文化的统领、主导地位。落实《搏进文化建设实施方案》各项要求，用半年时间使新文化体系落地生根、深植入脑，实现了邯矿新旧文化体系的无缝对接、升级再造。在扎实推进聚和文化、搏进文化建设的同时，邯矿集团党委选择了两家单位进行矿厂文化建设试点，以期以点带面、推动全局，尽快形成以聚和文化为主导、以搏进文化为主体、以矿厂文化为基础的“一矿一特色、一厂一品味”的邯矿企业文化新气派、新风格、新品牌。

张矿集团以冀中能源“一主多优、三个层次”的企业文化管理体系为基本框架，把理念宣贯与渗透、环境的整治与刷新、行为的规范与养成、扎实推进 MSET 管理模式作为企业文化建设的重点，内提素质，外树形象，掀起了全面建设张垣文化的高潮。张矿集团以“发展、创新、做实”六字方针为统领，致力于实现企业文化建设与企业管理一体化、企业发展与员工发展相和谐、企业文化优势与集团竞争优势相促进的建塑目标，将当地传统文化与当代企业管理相结合，融入地域文化元素，聚焦“聚和文化”的核心要素，明确“张垣文化”定位，提炼出由企业愿景、发展理念、管理理念、创新理念等组成的理念识别系统，由日常文明用语、员工“十不准十做到”、6S 基本行为及要求等组成的企业行为识别系统，以及与冀中能源保持高度一致的企业视觉识别系统；建立起由精细化标准管理体系、目标考核体系、安全教育管理体系、激励体系；确立了企业文化建设举旗、铸魂、塑形、造势等“十一个要素”和信息化管理、党建思想工作、八大发展战略体系保障“三个平台”，从而率先在冀中能源子公司中构建了具有张矿特色的“张垣文化”（MSET）精细化管理模式。2010 年 9 月 10 日，冀中能源专门在康保矿召开子文化建设暨张垣文化（MSET）现场推进会，推广了张矿集团企业文化建设成果经验。同时，他们按照“发展、创新、做实”要求，以完善机制体制为切入点，以加强党建工作为结合点，注重“三个对接”，强化“四个转化”，抓好“五个典型”，扎实开展了张垣文化落地工作。目前，张矿集团厂矿级企业文化建设试点工作全面启动，宣东矿、康保矿、煤炭销售分公司、市一煤机公司 4 个试点单位按照“一个单位一个亮点一个特色”的要求，已经全部完成企业文化建设规划编制工作。如宣东矿以中澳安全合作项目为契机，借鉴澳方安全管理上的先进理念和好做法，打造安全健康管控体系，开展风险评估、事故分析，完善井下六大系统，做到西为中用，走在了全国同行业的前面。

井矿集团坚持以我为主，深刻挖掘百年发展历程中形成和积淀下来的深厚文化底蕴，全面总结百年井矿因和而生、缘和而兴的发展史，经过全面诊断、反复提炼、多次丰富，确立了独具特色的和兴文化。和兴文化既有鲜明的地域特色，又有深厚的历史渊源；既有一定的理论高度，又有实践的可行度，是聚和文化在井矿具体表现形式，是聚和文化内涵和外延的丰富和拓展。和兴文化淋漓尽致地表达了井矿集团全体员工以和为本，以兴为魂，努力建设和谐井矿、兴盛井矿、幸福井矿的信心和决心。和兴文化对定位、理念、行为和分支文化都进行了详细的设计，具有很强的实用性、操作性，我非常满意。这个体系中，有两个亮点：一个是定位准确，“和”是百年井矿基业长青的秘诀，“兴”是百年井矿广大员工的共同愿望和不懈追求。在冀中能源各个子公司中，我个人认为只有井矿可以用“兴”。井矿的资历最老，因为井矿的加入，冀中能源的历史向前提了100年，已经成为冀中能源的一张文化名片，在文化定位中用“兴”，对百年沧桑的井矿重新焕发蓬勃生机来说是最合适不过了。另一个是有创造性，就分支文化进行了总结提炼，值得在全集团推广。和兴文化提出了八大理念、三大行为、五大分支，但在精细化管理体系方面没有去做表述，这是井矿有意为之，为矿厂文化建设和发挥留足了空间。现在井矿围绕实现“两跨越、两提高，实现1128目标”十二五发展战略，进而建设具有核心竞争力的现代大型能源集团，把企业文化建设的各项工作和各个目标按规划、分步骤，全面渗透到企业管理的方方面面，努力把和兴文化打造成精品工程。各矿厂也正在紧密结合实际，着眼适用管用，研发具有各自特点的文化。逐步把以制度为核心的科学管理方式转变到以文化为核心的文化管理方式上来，运用企业文化管理的调节，文化观念的引导和文化机制的激励，促进企业健康发展。

邢矿集团坚持“以煤为主，相关多元，创新高效，持续发展”的发展思路，在精心打造“主业突出、多元优质、可持续发展的现代一流的大型矿业集团”的过程中，传承传统的文化并在企业组织中不断深化和吐故纳新，逐步向创新型的企业文化发展方向迈进，形成了具有时代特征和邢矿特色的管理文化体系。邢矿集团在 30 多年的发展过程中，积累了丰厚的文化底蕴，在培育企业精神、提炼经营理念、推动制度创新、塑造企业形象、提高员工素质等方面进行了广泛的探索，取得了丰硕的成果。邢矿集团认为，企业的竞争，表面看来是产品和服务的竞争，深一层看是管理水平的竞争，再深一层看就是文化的竞争。他们通过对企业文化的历史梳理，认为邢矿集团成功的关键要素，主要集中在两个方面：一个是人的因素，即高素质的领导班子、富有战斗力的管理团队和吃苦耐劳的员工队伍；一个是坚持创新，即通过坚持技术创新和体制创新使企业跻身行业前列。两个方面的因素，使邢矿集团在近 40 年的发展历程中始终保持行业领先，健康、快速地发展。邢矿集团的优秀文化基因包括：艰苦奋斗、开拓进取、规范高效、和谐、奉献、创新、务实等。为了实现"再造新邢矿"的发展目标，邢矿集团通过文化变革，确立新的企业文化导向以适应企业的发展，改变以前主要关注内部运营的工作方式，转变为更多地关注外部发展，强化目标绩效导向和灵活创新导向，并对人本支持导向与规范控制导向进行优化与调整。"以和谐为发展基础，以创新为发展动力，以拼搏为精神支撑"，"和、新、搏"是邢矿集团最基本、最优秀也是最鲜明的文化积淀。邢矿集团将"尚和力新，搏风致远"确定为管理信条，较好地传承了历史，衔接了未来，也逐步构建起严密、完整的管理文化体系，为"邢矿再造"提供了强大动力。作为重建煤炭主业的"开路先锋"，邢矿集团老母坡煤业公司继承和发扬了邢矿集团管理文化的优秀基因，崇尚和谐，力行创新，加强与企业原有管理思想、地域文化的融合对接，企业实现了和谐快速发展，树立了文化融合的成功典范。

总之，在核心和特色价值理念指导下，这两年，不仅形成了承上启下、独具特色的子文化体系，而且分支文化也形成了一大批成果，如纪委监察倡导开展的廉洁文化得到了省领导的肯定，并召开现场会推广了我们经验；工会组织开展的群众文化形式多样、丰富多彩，很受广大职工欢迎；安监部门牵头开展的安全文化，有效促进了安全生产工作，其中一些典型做法被写进省安委会文件在全省进行推广。

# 【江苏大屯铝业有限公司企业文化案例】

## 企业简介

江苏大屯铝业有限公司是2002年4月由上海大屯能源股份有限公司和中煤能源香港有限公司共同出资成立的合资企业。设计产能为10.6万吨/年电解铝及配套6.4万吨/年阳极炭素，年销售额20亿元，现有员工800余人。

大屯铝业公司从投产初期就探索走依靠企业文化管理企业之路，成立了企业文化推进委员会和专业指导小组，构建了企业文化建设的整体框架，确定了企业近、中、远期创建目标。加大文化建设的投入，编印了《企业宣传画册》、《企业文化手册》、《员工行为规范手册》和《精细化管理手册》，并适时根据创建情况对企业文化核心理念和手册进行修订和完善，营造浓厚的文化氛围；通过举办《企业文化手册》发放仪式、召开企业文化年会、安全文化建设论文征集、编印反映员工创业历程的《岁月如歌》一书、举办专题知识讲座、定期举办"铝业杯"篮球赛、知识竞赛、大合唱、升旗仪式等丰富多彩的活动，使企业文化理念转变为员工的自觉行为。自2008年起在全厂推行了准军事化管理活动，每年进行全员军训，并开展军事会操比赛，严格规范员工行为，基本实现了员工遵守纪律规范化、穿戴着装整齐化、言谈举止文明化、环境卫生清洁化的目标。公司先后荣获"全国企业文化先进单位"、"全国企业文化示范基地"、"江苏省文明单位"等荣誉称号。

## 理念引领发展　文化创造价值

为适应企业发展的需要，走依靠企业文化管理企业之路，江苏大屯铝业有限公司从2004年下半年开始，对企业文化创建工作进行了有效的探索和创新，经历了从统一思想到高度重视，从学习借鉴到实施意见，从理念征集到手册印刷，从视觉文化到理念形成，从文化理念到准军事化，从 2004 年的起步到 2008 年整合再到 2009 年示范基地的建成和 2010 年的思路提升，不断赋予企业文化新的内涵，员工队伍素质、企业管理水平明显提高，初步形成了具有大屯铝业特色的企业文化。公司先后荣获“全国企业文化先进单位”、“江苏省文明单位”等荣誉称号，2009 年，被中国企业文化管理学会授予“全国企业文化建设示范基地”。

## 一、把握内涵，准确定位

2004 年 9 月，我们组织骨干力量，远赴上海宝钢、三菱电梯、别克汽车及延锋伟士通等国内知名企业进行企业文化专题调研。在广泛吸收、借鉴先进经验的基础上，结合公司实际，初步设计了铝业公司企业文化建设框架，制定出台了《关于推进企业文化建设的意见》，明确了创建的指导思想，提出了企业文化建设由近及远的奋斗目标，成立了由党政一把手挂帅的企业文化建设推进委员会，还专门成立了企业文化建设推进委员会，由党政一把手任主任，下设精神文化、行为文化建设指导小组、制度文化、物质文化建设指导小组和安全文化建设指导小组三个专业小组，并明确了责任人和工作职责，在短时间内迅速营造了浓厚的创建氛围，为企业文化的创建提供了思想和组织保证。同年 10 月，我们在全体员工中开展了企业文化理念征集活动，在不到一个月的时间里，就征集到文化理念 300 余条，如“企业形象在我们身上闪现，企业的承诺在我们手中实现”、“产品决定出路，信誉决定成败”、“安全在心中，效益在手中，幸福在家中”等等。经多次梳理分类和筛选修改，最终确定了具有大屯铝业特色的文化核心、企业宗旨、企业精神等 10 项核心理念。2008 年，顺应企业文化不断深化发展的需要，我们对原有的企业文化理念又重新进行了整合、修订。同时，把那些语言简洁、寓意深刻、警示性和教育性较强的职工格言，集中做成电脑喷绘图板，挂在各车间显要位置，营造了浓厚的文化氛围。

企业文化要被广大职工认同接受，离不开强有力的宣传和引导，这是企业文化建设的重要手段。为保证企业文化建设各阶段目标任务的落实，我们按年度制定了《企业文化建设推进意见》，并于2011年起按季度对企业文化建设进行安排，加大文化理念宣贯力度。先后邀请了北京北绘文化整合传播机构和上海明德学习型组织研究所等知名机构资深专家、教授来公司，就企业文化和学习型组织等方面知识作专题讲座辅导，使职工在潜移默化中接受和认可文化理念。

为加快企业文化理念的普及，我们编印了《企业文化手册》、《管理人员行为规范手册》、《安全文化手册》、《精细化管理操作手册》等系列企业文化丛书，定期出版内部宣传刊物《大屯铝业》和及时更新内部网站，对企业文化理念、知识进行循序渐进、由浅到深的导入和固化。2008年，又专门编印了反映铝业投产四年来奋斗历程的《岁月如歌》论文集，充分展示了铝业人的精神风貌，激发了员工的创业自豪感，提高了对企业的认同度。

## 二、立足实际，深入研究

为统一思想、形成共识，我们把创建学习型工厂作为企业文化建设的切入点，提出了“把人才培养成党员，把党员培养成人才”的口号，号召广大党员干部在企业文化建设和学习型工厂创建工作中起到标杆和引领作用。同时，为促进创建活动的有序开展，我们积极为职工搭建学习平台，提供有效支撑。一是加强外委培训。与中南大学联合开办了电解铝专业大专班，选派优秀技术人员和生产骨干到同行业标杆企业学习培训，找差距、比不足、激活力；二是重视技能培养。每年举办各类职业技能培训班，在车间一线举办各工种技术比武大赛，开展技术创新优秀项目评比，提高能力。三是提供学习资料。为全体员工配发了《要做就做最好的》、《细节决定成败》、《解放军精神》、《驱动力》等企业文化建设方面的书籍，为各车间购置了图书柜，设立了职工读书箱，购买技术和文化书籍，职工中逐渐形成了读书学习、钻研业务的良好风气，做到了工作学习化、学习快乐化。广大职工在学习中深刻认识到企业文化建设的极端重要性和必要性，对“安全为天，生命至尊”的安全核心理念、“精诚团结、追求卓越”的管理理念有了更深的理解和认同。在视觉文化建设方面，我们依据集团公司的规范和大屯公司的要求，统一采用了蓝白相间的企业标准色，规范了企业名称和产品标志，统一了宣传和印刷品的格式，并加大了厂区绿化投入和环境治理，在各车间、办公场所悬挂了体现公司企业文化理念及大屯公司安全文化理念的精美排版，在办公楼前建造了大型宣传画廊，在南北大门前树立了造型独特的灵璧石，篆刻了所有参加铝业一期工程建设的员工名单，在西停车场建造了大型宣传牌板，用鲜明的企业形象、独特的文化风格形成强烈的视觉冲击。

借助铝业公司实现首批 1000 吨出口铝锭远销挪威、后续 1000 吨代焙炭块外销阿联酋的有利形势，我们及时与江苏省文联协作，拍摄了高质量的铝业公司企业文化专题宣传片《追求卓越》，并于 2009 年进行了改版更新，在职工学习和来宾参观时播放，有力提升了企业形象。

## 三、践行理念，彰显特色

在近八年推进企业文化建设过程中，我们始终坚持“以人为本”，注重制度约束的刚性管理与人性化引导的柔性教育相结合。一是“订规矩”。制定了铝业公司《员工行为规范手册》、《精细化管理手册》，建立严格的考核体系，狠抓落实执行。二是“订行为”。推行准军事化管理，制定出台了《关于推行准军事化管理工作的安排意见》、《准军事化管理实施细则》、《准军事化管理训练管理制度》等文件，对全体员工进行严格的军事科目训练，定期举办升国旗仪式和军事会操活动，规范了员工的行为，提高了员工队伍的执行力、服从力和战斗力。三是“订情感”。注重情感投入，实行人性化管理。从 2005 年元月份开始，公司为全体员工建立了“生日档案”，坚持为每位员工发放生日蛋糕；定期开展扶贫帮困及慰问活动，每年组织职工进行健康体检和外出疗休养等活动；改善电解生产环境，为各个车间配备了微波炉、冰柜及药箱，主要生产车间职工每人每天供应一袋鲜牛奶；解决了涉及职工切身利益的浴室、食堂、洗衣房、篮球场、职工倒班楼、班中餐等问题；坚持每年举办一届职工篮球赛，重大节假日举办大型职工文艺演出庆典活动，定期组织大合唱、安全文艺演出、合理化建议、知识竞赛、劳动竞赛等活动，2011 年，围绕建党

90 周年举办征文活动并将评选出的优秀文章装订成册下发到车间每一个班组。这一系列活动，最大限度地满足广大职工的个性追求，使员工在日常工作和生活中，对企业产生强烈的归属感和依赖感，增强了企业的凝聚力，打造了快乐工作的氛围。

企业文化建设推进到一定阶段后，必须重心下移，才能勃发强大生命活力，这是企业文化建设的动力源泉。2008 年开始，我们专门聘请了专业研究机构，对企业文化建设进行评估，找出存在的问题，提出改进的建议。在此基础上，从 2009 年至今 3 年多的时间里，我们把企业文化建设的重点瞄准在基层车间，充分发挥各基层车间的自主能动性。鼓励各车间结合自身生产环境、工作流程、人员结构等因素，自主提炼更加符合实际的车间文化理念。充分尊重每个车间以简洁、顺畅、好学、易懂、职工普遍认可的方式对公司企业文化理念进行演绎和转化，从而使广大职工真正融合进来、参与进去，耳濡目染，潜移默化，收到了极好的推动效果。自 2011 年起，主要生产车间电解部用以“弟子规”为代表的传统文化作推手，在管理上深入传统文化的根植，把传统文化“传于形，承于行”，坚持“以德育人，以德用人”，各班组以其卓越的奉献意识和高尚的职业素养，磨练出了“在逆境中勇于接受挑战、奋发图强、敢于战胜困难的决心和毅力”，也锻炼出了“在顺境中善于自我加压、自我创新、追求卓越的进取意识和大局心态”，努力打造出了一支德才兼备、风清气正的团队。

## 四、丰富内涵，不断提升

企业文化不是一劳永逸、一成不变的东西，只有结合新形势、新任务、新要求，不断推进、循序提高，才能具有永久生命力，这是企业文化建设的腾飞翅膀。2010 年，我们根据中煤集团和大屯公司推进企业文化建设的规划，结合铝业公司实际，适时提出了“以创业文化为主线，以安全文化为前提，以廉洁文化为保证，以和谐文化为目标”的企业文化建设新思路，对 4 项子文化分别作了安排，同时加强了支部车间子文化建设，努力打造具有大屯铝业特色的企业文化体系。

大屯铝业公司在企业文化建设过程中，善于总结提炼在长期的探索中积淀的宝贵财富，充分发挥了企业文化的激励功能、约束功能、导向功能和塑形功能，从而有效提升了企业管理水平，促进了企业管理升级。同时，大屯铝业人也清醒地认识到，企业文化建设是一项长期的、系统性的工作，今后将继续坚持“创新、整合、融合、提升”原则，真正使文化做到“内化于心、外化于行、固化于制”，为公司各项工作的开展提供更为强劲的内在驱动力。

# 全国企业文化优秀案例精选

## 【北京住总集团有限责任公司企业文化案例】

# 企业简介

北京住总是以科研为先导、开发为龙头、施工为主体的大型地产建筑集团。拥有完整的住宅产业链和房建施工总承包特级资质，拥有对外经营权、对外贸易权和外派劳务权，业务遍及国内数十个中心城市和亚洲、非洲、欧洲30多个国家和地区。

“十一五”期间，住总集团以年20%以上的增速发展，建设保障房400多万平方米，被誉为“首都保障房建设第一大户”和“安居使者”，先后获“推动城市化进程特殊贡献企业”、“全国安康杯竞赛优胜企业”、国家住房和城乡建设部抗震救灾先进单位、“中国城市建设60年十大贡献企业”、“中国房地产住房保障建设杰出贡献企业”和“中国房地产最具社会责任感企业”等称号。

“十二五”时期，住总集团将以北京市十二五规划纲要为战略引领，以“和谐住总、效益住总、品牌住总、责任住总、创新住总”为共同愿景，肩负“为生民安其居，为建筑写青史”伟大历史使命，向“国内一流地产建筑跨国集团”目标昂扬奋进！

# “以文化人”兴和谐促发展

北京住总集团公司党委副书记、副董事长　荣自立
北京住总集团公司党委宣传部长　于文岗

前些年，北京住总集团不那么和谐。说三道四、拨弄是非者有之，当面不说、背后乱散者有之，嫉贤妒能、打头掐尖也有之。人们反映：“在住总，或者事难做，或者做不成，或者做成了落一大堆毛病。”1997至2005年9年内，

上级 5 次调整住总集团领导班子“一把手”，多少也反映了这个问题。

不和谐、不团结最终必然影响企业发展。住总集团在“中国企业 500 强”的排名，由事实上 2001 年的 135 位，下降到 2003 年的 199 位、2004 年的 281 位、2005 年的 433 位。

团结才能发展，和谐才能团结。2005 年 8 月，住总集团新一届领导班子针对“不团结，不和谐”最终影响企业发展的问题，提出了“和谐住总、效益住总、品牌住总”的共同愿景和建设“学习型、创新型、务实型的企业文化”的要求，并以文化手段推进和谐企业建设，全方位实施“以文化人”。

## “以文化人”之一——寻根汲养，以“贵和”、“和而不同”为核心，确立住总集团和谐企业文化理念

住总集团的和谐文化建设，首先是从源远流长的中华文化、特别是儒家文化中挖掘、提炼和确立和谐理念开始的。中华文化博大精深，以“和为贵”与“和而不同”最为经典和根本，成为中国文化的精髓、被普遍认同和奉行的价值准则。既以“和为贵”，又“和而不同”，有利于求同存异，各得其所，照顾彼此的关切，实现双赢以至共赢。

在挖掘的基础上，住总集团汲取中国文化的精髓，以“贵和”与“和而不同”为核心，提炼并确立了“与人为善，对事不对人”、“大事讲原则，小事讲风格”、“求同存异，照顾彼此的关切，实现双赢和共赢”、“为了放射自己的光，无须吹熄别人的灯”、“学会欣赏，懂得并善于为他人喝彩”等文化理念并宣贯践行。

## “以文化人”之二——关键是管理者的管理，领导班子和领导干部做践行和谐文化理念的表率

充分发挥党委的政治核心作用，是构建和谐企业的政治保证。集团公司党委特别注意和谐的领导班子对“和谐住总”构建的示范性、决定性影响。两级理论学习中心组联系“和谐住总”构建的实际，学习《中共中央关于构

建社会主义和谐社会若干重大问题的决定》和《中共北京市委关于构建社会主义和谐社会首善之区的意见》，突出在做“和谐住总”构建带头人问题上提高认识，统一思想。集团公司党委书记、董事长张贵林代表集团公司领导班子提出了“提倡光明磊落，反对阳奉阴违；提倡团结和谐，反对搬弄是非”等《住总领导人员作风建设“八提倡八反对”》，为集团各级领导班子和领导人员在和谐企业构建问题上奠定了共同思想基础、立身原则和处事指南，也推进了以各级领导班子和领导人员为表率的“和谐住总”构建。

2006年12月，住总集团举办“首届和谐住总论坛”，查找和谐构建在思想、政治、经济、制度、文化等层面存在的问题；指出“构建和谐企业要实现和谐与效率的相互促进”，克服“以效率压和谐”或“以和谐压效率”两种倾向；明确“各级领导班子和领导人员是和谐住总构建的领导者、组织者、推动者和第一实践者，各级领导人员要自觉做和谐构建的带头人”。

北京市住宅建筑设计研究院是个知识分子成堆的地方。为增进领导班子成员间的沟通，2007年，院党总支领导根据知识分子间的交际推崇“君子之交淡如水”的特点，开设了“班子沟通茶座”。领导班子6名成员不定期凑到一起喝茶聊天，沟通院里的大事小情，一些在民主生活会的严肃氛围中不好提、不便提的问题也提了出来，大家在其乐融融的氛围中达到了团结一心、行动一致。2007年，设计院在进一步办好“班子茶座”基础上，又开通了员工与院领导网上直接对话的“沟通无障碍通道”，2008年，又将“沟通无障碍通道”扩展为“员工论坛”，和谐的雪球越滚越大。

## “以文化人”之三：要旨在于“改造土壤”——开展群众性的和谐文化构建活动

构建和谐住总的实质是改造住总文化土壤，而土壤的构成与每个职工都有关系。“一人不平闹翻天”的现象表明，虽然领导班子、领导人员是和谐构建的关键，但建设和谐企业文化、构建和谐企业，绝不仅是少数领导的事，而是领导班子、领导人员带动、示范下全体员工的共同努力，因此，必须找到既为大家共同关心的话题，又为人们喜闻乐见的形式，把广大职工动员到和谐构建的文化活动中来，在文化活动中达到“以文化人”的目的。

**选择有群众性基础、“三贴近”程度高、艺术化魅力俱佳的形式——开展“九兴九戒”讲故事大赛活动。**为了扬正气、祛邪气、增和气、聚人气、鼓士气，2006 年 4 月，集团公司党委宣传部、团委把胡锦涛总书记提出的“八荣八耻”社会主义荣辱观的贯彻与住总集团和谐构建实际结合，开展了以“兴和谐共进，戒挑拨害群；兴学人之长，戒专揭人短；兴当面说话，戒背后乱散；兴多提建议，戒说三道四”等“九兴九戒”为内容的讲故事大赛活动。

富有吸引力、感染力和艺术性的“九兴九戒”讲故事活动，得到了集团上下的积极响应，人们讲自己的故事，讲同事的故事，讲领导和员工的故事，讲住总大家庭的故事……说得是身边人儿，讲得是身边事儿，掏得是真心话，摆得是实在理儿；有吸引力，有感染力，更蕴含着做人做事的原则和道理，不仅让人感到亲切和真切，更给人以回味思考和启迪！据不完全统计，全集团共撰写故事 200 多篇，组织讲故事比赛 30 余场，150 多人登台讲故事，听故事会的 1000 多人，看报纸、读故事的上万人。

时任住二公司工会主席的赵巨图，以自己的亲身经历，讲述了《一个不和谐的音符》的故事，警示人们“兴和谐共进，戒挑拨害群；兴当面说话，戒背后乱散”：“一次会议上，几个党员给行政科小张提出了善意的意见，会后有人把意见添油加醋地‘广播’给本人，自己和几个党员一起被小张误解并转生嫉恨，真相大白后又同怨‘小广播’……”

历时四个月的讲故事活动，讲出了住总大家庭的真情与“感动”，讲出了干群、同事间的理解与沟通，讲出了荣辱是非、人际关系处理问题上的“当兴”与“当戒”、“应该”和“不应该”，更讲出了住总集团的和气、人气与士气。

市委宣传部、市政研会、市国资委党委的领导听了故事会，充分肯定“这项活动把胡锦涛总书记、党中央、市委、市政府的要求与住总集团实际密切结合起来，是共建共享和谐的很好举措”，“是新形势下创新基层群众思想工作的很好方式”。

集团公司党委副书记、副董事长荣自立深有体会地说：“‘九兴九戒’是集团公司党委构建和谐住总、进行职工思想教育和企业文化建设的一次创新尝试。”

为了更好地发挥故事的教化作用，大赛结束后，又组织了"'九兴九戒'故事巡讲团"，到基层、下一线、进工地巡讲；编辑出版了《和谐的种子——"九兴九戒'故事选》书籍，摄制了《奏响和谐的旋律——"九兴九戒"讲故事活动纪实》DVD光盘，向广大职工赠阅和发放。

和谐的种子在住总人心田萌发，和谐的情愫在住总人眼神中传递。物资公司员工孙筛娣听了别人讲故事，自己也上台讲了故事，两种感受都体会了："一个个生动、鲜活的故事令人感慨，引人思索。这些故事，让我领悟了做人做事的准则，体味了同事之间相互关爱、和谐共处的真实情感。"

**把古老而现代的段子文学形式、最普遍最便捷最现代的手机短信传播手段和企业文化建设与管理创新完美结合——开展"住总段子大家编，和谐住总大家建"手机短信有奖编发大赛活动。**《中共北京市委关于构建社会主义和谐社会首善之区的意见》指出："加强对互联网、手机短信等的管理和运用，使各类新兴媒体成为传播先进文化、促进社会和谐的重要阵地。"住总联系集团和谐构建实际，学习贯彻"市委意见"，总结讲故事活动的经验，按照"和谐始于沟通"的规律，探索利用手机段子进行企业和谐构建活动的新途径和新方法。

在活动立项的策划论证中发现：当今国内青年人群中，人均每天发送短信超过10条。在集团内部，人际间有事没事发个问候短信也是常事，年节假日就更火爆了。特别是手机短信短小、幽默、开心，用起来更方便，传递更迅捷，群众基础更广泛，是促进人际沟通与和谐构建的好形式。为此，集团公司宣传部和团委共同决定，以手机短信为基本形式，利用短信人气高的黄金节日时段，广泛开展"住总段子大家编，和谐住总大家建"为主题的段子编发大赛活动。根据每个节日特定的文化内涵设计不同主题，作为大家编段子的参考。所选节日中，还拿来个别"洋节"的瓶子，装上和谐的新酒。如圣诞节的主题是："与人为善，让住总充满爱"；情人节主题是"亲情爱情朋友情，同乡同学同事情，家情业情住总情"。中秋节，则以"人和家团圆，住总一家亲"为主题，为农民工开了段子编发大赛专场。还以"八提倡，八反对"为主题，开展段子编发接力赛。与此同时，选择一些精彩的"段子"，以"手机短信大视屏"为题，在住总网络办公平台上发布，在《北京住总》报上刊登，并组织开展“段子评说”和阶段性的“我最喜欢的段子”评选活动，年底开展了“十佳段子”和最佳立意、最佳文体、最佳幽默单项奖与组织奖评选及总结表彰活动。针对段子编发初期“严肃正统有余、诙谐幽默不足”的问题，还专门召开了段子编创研讨会。两年来，段子编发高潮迭起，发段子，跟帖子，住总集团的网络办公平台和住总人的手机不时热闹起来。三字诀、四六句、五言七言诗，谚语对联俏皮话，诗词歌赋歇后语……都被拿来入段子。

活动开始，适逢 2007 年春节来临，大年三十下午，集团党委书记、董事长张贵林在住总网络平台及手机上编发了段子：

难得除夕艳阳天，时令迁转非偶然，

屠苏酒暖住总客，几多春意舞风前，

一年一年又一年，住总发展万万年……

温馨的话语传递着关怀之意，也将浓浓的爱企之情悄然植入每个人的心田。广大员工在新春佳节来临之时，收到集团领导的短信问候倍感亲切，住总人心中的无限激情，被短信、段子这一新的文化传播形式激活，形成了“集团上下齐参与，闲暇时间传佳话”的文化氛围。

以朴实无华原生态纪实的语言风格，且出自农民工之手的中秋短信作品，深得广大农民工兄弟喜爱。

昨日住总大团圆，

会后送我大三元。

残奥工程我有缘，

场馆交用庆圆满。

农民工作者郭玉宝将中秋节住总集团慰问农民工的场景之“圆”、领导赠送大三元月饼之“元”、自己参加奥运场馆建设的缘分之“缘”、建设任务圆满完成的圆满之“圆”巧妙的结合在一起，将住总人为他们送月饼的情谊与喜悦，将自己有幸成为一名奥运工程建设者、胜利者的自豪心情淋漓尽致地用短短四句话表现出来，描绘了企业与农民工兄弟亲如一家、其情切切、其乐融融的和谐氛围，该段子喜获段子编发大赛最佳立意奖。

从千人精制的和谐段子大餐，到万人共享的住总段子评说，住总人沉浸在和谐段子的海洋里。住六公司新员工杨旋在段子评说中说：“欣赏住总段子让我想起纪晓岚的一句话：‘诗也有，词也有，虽是短品，也是妙文。’”

团结才有力量，和谐才能团结，沟通才能和谐。一条条短小精美的信息、一句句温馨情暖的话语、一段段诙谐幽默的拜年词，像一股股暖流，在住总人中传递开来。形成了“住总段子热编，和谐短信争传，和谐住总共建”的生动局面。

“九兴九戒”讲故事活动和“住总段子大家编，和谐住总大家建”活动，都得到了《工人日报》、《中国文化报》、《北京日报》、北京电视台等媒体的关注和北京市各有关方面的肯定。2007 年，“九兴九戒”讲故事活动获北京市国资委党委宣传思想工作创新奖一等奖，《“故事宣传”是宣传思想工作创新的好途径》获 2006 年度北京市“丹柯杯”优秀研究成果一等奖。“住总段子大家编，和谐住总大家建”手机短信编发大赛活动 2009 年获市国资委 2008 年度宣传思想工作创新一等奖。《让段子成为宣传的利器》获北京市 2008 年“丹柯杯”研究成果一等奖。2008 年，《和谐住总——“九兴九戒”讲故事活动》获北京市宣传思想工作创新奖；《“以文化人”增和谐促发展——住总集团文化管理创新成果报告》,2009 年获北京市第 24 届企业管理现代化创新成果二等奖。

和谐文化建设创新实践推进了和谐企业构建，和谐企业构建促进了企业快速发展。“八提倡八反对”让各级领导干部在是非荣辱的观念上进行了拨乱反正，讲故事活动讲出了和气、士气和人气，编段子活动沟通了住总人的你、我、他。今日的住总集团，正气高扬，邪气没有了市场。集团上下同欲干事业，万众一心谋发展。2006、2007 和 2008 年，住总十项主要经营指标创连续叠创历史新高；2009 年，不仅克服了金融危机带来的不利影响，而且化危为机，实现了十项指标同比超越，创造了四年跨越四个台阶、年平均增速超过 20%的佳绩。

住总集团“以文化人”兴和谐促发展，从理论和实践上，都为企业文化建设与管理提供了有益的启示与借鉴。2006 年以来，住总集团先后获“中国优秀企业形象单位”、“企业文化建设百佳贡献单位”、“全国企业文化建设 50 强单位”、“中国企业文化建设十大杰出贡献单位”、“北京市安全文化建设示范企业”、中国建设职工思想政治工作研究会“企业文化建设示范单位”等称号。

## 【专家点评】

# “和谐住总”的文化魅力

## ——北京住总集团企业文化建设简评

企业是社会的细胞，和谐企业是社会主义和谐社会的重要基础，创建和谐企业是构建社会主义和谐社会的重要组成部分。因此，创建和谐企业是企业和企业家义不容辞的责任和义务，同时也是企业生存发展的必然要求。围绕构建和谐社会的战略举措，通过加强企业文化创建和谐企业，是当前我国企业和企业家的必然选择。

北京住总集团企业文化构建过程告诉我们，文化自身的继承和发展，是一个新陈代谢、不断创新的过程。一方面，社会实践不断出现新情况，提出新问题；另一方面，社会实践的不断发展，为文化创新提供了更为丰富的资源。所以，企业文化建设应该是个扬弃的过程。北京住总集团在构建和谐企业过程中，摒弃落后的文化理念，消减负效应；继承优秀的文化传统，突显正效应。通过加强企业文化建设，发展和谐文化，在三个层面开展“以文化人”构建策略，即：寻根汲养，注意从中华文化中汲取营养；加强管理者的管理，领导做践行和谐文化理念的表率；“改造土壤”，开展群众性的和谐文化构建活动，确立北京住总集团和谐企业文化理念，为构建和谐企业夯牢坚实的物质和文化基础。

在打造“和谐住总”过程中，北京住总集团把充分发挥党委的政治核心作用作为构建和谐企业的政治保证。集团公司党委特别注意和谐的领导班子对“和谐住总”构建的示范性、决定性影响，突出在做“和谐住总”构建带头人问题上提高认识，统一思想。集团公司党委书记、董事长张贵林代表集团公司领导班子提出了“提倡光明磊落，反对阳奉阴违；提倡团结和谐，反对搬弄是非”等《住总领导人员作风建设“八提倡八反对”》，为集团各级领导班子和领导人员在和谐企业构建问题上奠定了共同思想基础和行为指南，推进了“和谐住总”建设进程。

在“和谐住总”创建过程中，具有原创性可借鉴价值的是集团公司党委宣传部、团委依据“八荣八耻”社会主义荣辱观，并从北京住总集团和谐构建实际需求出发，开展了以“兴和谐共进，戒挑拨害群；兴学人之长，戒专揭人短；兴当面说话，戒背后乱散；兴多提建议，戒说三道四”等“九兴九戒”为内容的讲故事大赛活动。

北京住总集团开展的“九兴九戒”讲故事活动取得了明显的效果，正如集团公司党委副书记、副董事长荣自立和党委宣传部长于文岗在《“以文化人”兴和谐促发展》一文中的生动表述：富有吸引力、感染力和艺术性的“九兴九戒”讲故事活动，得到了集团上下的积极响应，人们讲自己的故事，讲同事的故事，讲领导和员工的故事，讲住总大家庭的故事……说得是身边人儿，讲得是身边事儿，掏得是真心话，摆得是实在理儿；有吸引力，有感染力，更蕴含着做人做事的原则和道理，不仅让人感到亲切和真切，更给人以回味思考和启迪！历时四个月的讲故事活动，讲出了住总大家庭的真情与“感动”，讲出了干群、同事间的理解与沟通，讲出了荣辱是非、人际关系处理问题上的“当兴”与“当戒”、“应该”和“不应该”，更讲出了北京住总集团的和气、人气与士气。

北京住总集团开展的“九兴九戒”讲故事活动，是企业文化建设理论创新和实践发展相得益彰的经典案例。

纵观全文，北京住总集团《“以文化人”兴和谐促发展》给我们的启示主要有：

1. 充分发挥党委的政治核心作用是企业文化建设持续推进的根本保证。

2. 中华文化博大精深、源远流长，是企业和谐文化建设的智慧和文化根基。

3. 广大员工积极参与和谐文化构建活动，是企业文化建设持续深入的关键。

4. 善用多种载体，不断扩展企业文化建设渠道是企业文化建设的有效途径。

发展繁荣企业文化，创建和谐企业是构建社会主义和谐社会的基础性工作，北京住总集团在构建“和谐住总”过程中进行了有益和成功的探索，取得了优异的成果，应在更大范围予以推介。

祝北京住总集团全面实现企业发展战略目标，为“安居使者”美誉增添新的风采!

**点评专家**: 中国文化管理学会常务理事

中国文化管理学会企业文化管理专业委员会副理事长

企业文化管理测评专家委员会主任、研究员　　解云天

## 【长庆钻井总公司企业文化案例】

# 公司简介

长庆钻井总公司隶属于中国石油川庆钻探工程公司，承担着国家重要的石油天然气能源生产基地——鄂尔多斯盆地的油气勘探开发任务。多年来，公司把加强企业文化建设作为提升企业竞争实力的有效途径，大力推进文化强企战略，着力构建内涵丰富、特色鲜明、具有长庆钻井特色的企业文化建设体系，使企业文化建设为企业改革和发展不断注入了活力。探秘长庆钻井总公司的企业文化建设，其特征是精细化，核心是井场文化，载体是“六进井场”，十大子文化体系是企业文化建设的有力支撑。

# 加强企业文化建设 提升核心竞争能力

## ——长庆钻井总公司企业文化建设探秘

李崇民 何兴忠

### 特征：精细化

精细化本质上强调的是一个持续改进、不断完善的过程。长庆钻井总公司精细化的突出特征是：考核精细化、安全精细化、成本控制精细化、现场管理精细化。

考核精细化。建立了钻井队、后勤基层队（站）、车队3个层面的《基层建设等级达标考核办法》，设置了36大项246条考核标准，形成了以基层建设等级达标考核为核心、月度综合管理与控制考核及基层领导班组综合业绩考核为基础的基层队（站）管理、建设、考核、评价体系，实施月度、季度、年度滚动考核，将考核结果分为“三级五等”进行评定。

安全精细化：着眼于消除物的不安全因素，逐年更新了钻井设备，配备了井口小型机械化工具及工业监控系统等自动化监控仪器。着眼于消除人的不安全行为，研究开发了后来成为中国石油钻井 HSE 管理模板的 117 个钻井作业 HSE 程序文件和 54 个交通运输作业 HSE 程序文件，实行监管两条线运行模式，学习借鉴杜邦公司的先进管理理念和方法，全面推进 HSE 体系建设。

成本控制精细化。实行生产运行、市场开发与财务管理三位一体的管理制度，实行“单井定额承包”，推行全成本概念，对成本控制实行预算，成本动态过程跟踪分析，优化生产组织方式和组织结构，提高了市场竞争能力。

现场管理精细化。先后推行“5S”（整理、整顿、清扫、清洁、素养、）管理，加强“三标”（操作标准化、现场标准化、管理标准化）建设。在操作标准化上，提出“只有规定动作，没有自选动作”，在现场标准化上力求分区清楚、目视清楚、摆放清楚，标准是工完、料尽、场地清。

## 核心：井场文化

长庆钻井是以野外钻井施工为突出特征的企业，钻井队是公司存在的基础和主体。从自然环境上，钻井队所处的自然环境恶劣、地处人烟稀少地带，公司的理念、制度、文化在钻井队生根发芽是企业文化的难题也是重点攻克的课题；从人文环境上，钻井队信息闭塞，文化生活单一，员工思想多元；从企业管理角度，钻井队是相对独立作战团体，公司如何打好井、快打井需要通过钻井队来完成。因此，把井场建设好是企业生存、发展的根本，井场文化是企业文化建设的核心。

外化于形。通过现场管理标准化、营地管理规范化、员工行为文明化来提升钻井队的形象。

内化于心。建设了企业文化展厅，作为职工传统教育和向外界展示形象的窗口，着重培育员工精神文化。

固化于行。注重典型引路，建立“多层选树、过程培育、动态推广”的工作机制，形成公司抓总、部门推动、基层落实的常态化工作格局。

## 载体：六进井场

“六进井场”：即发展目标进井场、制度创新进井场、精细管理进井场、知识文化进井场、诚信文明进井场、科技信息进井场。

发展目标进井场。通过各种会议，让钻井队吃透公司的规划、计划、目标，把目标、责任分解落实到钻井队，钻井队根据实际制订相应的措施和办法，通过严细的管理考核措施，保证目标实现。

制度创新进井场。以岗位责任制为核心，QHSE 体系为标准，不断规范和完善基层队（站）管理流程，实行单井定额承包为主体的经营管理模式，使生产、经营、管理责任到班组、到个人。

精细管理进井场。按照“精益求精、注重细节、科学量化”的管理思路，在钻井队推行“5S”管理与“五型班组”、“三标”建设，不断强化现场管理。

知识文化进井场。在钻井队通过搭建网络、职工书屋、文化室等三大平台与文化下基层活动，开展以业余为主、全员参与的大众文化、读书学习活动，提高员工综合素质。

诚信文明进井场。把“开发资源，保护环境”作为应尽责任，严格遵守国家法律法规，确保开发一处地，美化一方土，向政府和老百姓讲诚信；把优质服务长庆油气发展，保障国家能源安全作为第一信条，向甲方和客户讲诚信；把关心、爱护员工作为凝聚队伍士气，打造过硬队伍的基础，向员工和家属讲诚信。

科技信息进井场。以科技创新为核心，全面推广应用定向井（丛式）配套钻井工艺技术、PDC 钻头、“四合一”钻具结构等成熟技术，形成“优势集成、区域突破、模板推进、规模提速”的长庆钻井模式。在钻井队建立有线传输、无线接入网络，实时便捷传递信息。

## 支撑：十大子文化体系

历史文化。长庆钻井文化发源于20世纪70年代，在当年艰苦的石油大会战中，创造了“跑步上陇东”、“三块石头支口锅”、“磨刀石上闹革命”等一系列英雄壮举，形成了长庆钻井文化的优秀基因。其中，自力更生、艰苦奋斗的延安精神是孕育长庆钻井精神的沃土；大庆精神、铁人精神是培育、形成长庆钻井精神的直接动力；解放军精神是长庆钻井文化与生俱来的重要组成部分。特别能吃苦、特别能战斗、特别能负重、特别能奉献、特别能创造的“五特”精神是长庆钻井宝贵的精神财富。

安全文化。教育员工牢固树立“油气至上、安全为天”的核心经营理念，树立“生命和健康高于一切”、“一切事故都是可以预防和控制的”等安全理念，追求“零事故、零伤害、零污染”的HSE战略目标。形成了“人人查隐患、个个反违章”的安全文化氛围。

亲情文化。根据钻井队常年在外，工作节奏紧张的实际情况，在企业文化建设中注重情感渗透，着力创造一个亲情和谐的井队大家庭氛围，使管理制度通过人性化的方式，贴近员工，潜移默化到员工的生活和工作中去。

学习文化。以“建立学习型企业，培养知识型员工”为目标，把提升学习力作为构建“学习文化”的重点，认真开展学习大庆精神、“铁人”精神和建设一流钻井技术公司发展思路的教育。构建三级培训网络，建立三大培训平台，不断提升员工素质。

场景文化。以加强基层建设为抓手，按照“外化于形、内化于心、固化于行”的文化建设思路和“精益求精、注重细节、科学量化”的管理思路，着力推进精细化管理，不断夯实基础工作，力求营地管理规范化、现场管理标准化、员工言行文明化。

品牌文化。始终把牢固树立长庆钻井品牌作为提升企业竞争能力、促进企业可持续发展的重要保证，认真履行国有企业肩负的政治、经济、社会责任，着力培育特色钻井技术，打造精品工程，优质服务长庆油气发展，在社会上树立了良好的企业形象。

能本文化。以人为本，充分发挥企业干部员工的主观能动性和聪明才智，促进企业可持续发展，建立长庆钻井“能本文化”。培养生产、操作、生活技能人才。一是建立业绩导向机制，二是建立岗位成才机制，三是建立人本关怀机制。

示范文化。始终把典型引路、示范带动作为鼓舞士气、推动工作的有效方法，认真开展先进典型的挖掘、选树、培育和宣传工作，形成“多层选树、过程培育、动态推广”的工作机制，公司抓总、部门推动、基层落实的常态化工作格局。

廉洁文化。坚持廉洁文化进班子、进机关、进厂区、进岗位、进家庭，开展了廉洁从业承诺、重大节假日送廉警示、领导干部“立铭励志”等活动，强化了领导干部和关键岗位人员廉洁从业意识。

和谐文化。大力弘扬中华民族家庭和睦、尊老爱幼、邻里互助的传统美德。持续开展“送温暖”工程、“金秋助学”和“小课桌”活动，通过“出征文化”鼓舞士气，搞好“节日文化”，构建企地和谐。

## 【专家点评】

# 井场文化是长庆钻井总公司的一个创新

仔细阅读《加强企业文化建设　提升核心竞争能力——长庆钻井总公司企业文化建设探秘》一文后，感到有一个明显的突出的亮点，就是井场文化。我认为，井场文化是石油企业的前沿文化、基础文化、一线文化，井场文化是石油勘探企业文化建设的一个突破、一个创新、一个贡献。中国石油川庆钻探工程公司长庆钻井总公司的企业文化建设可喜可贺，可赞可扬。

一要赞扬井场文化有特点——现场化。我们常讲企业文化建设要下基层、进班组、上岗位、入人心。井场文化最大的特点就是这样，通过“六进井场”，将企业文化化在现场，建好现场文化。例如，通过发展目标进井场，把公司的目标、规划分解到钻井队，落实到人头，增强了员工的责任感、自信心；又如，通过科技信息进井场，以科技创新为核心，全面推广应用定向井（从式）

配套钻井工艺技术、PDC 钻头、“四合一”钻具结构等成熟技术，形成了“优势集成、区域突破、模版推进、规模提速”的长庆钻井模式；还如，通过知识文化进井场，搭建网络、职工书屋、文化室等三大平台和开展文化下基层活动，组织以业余为主，全员参与的群众文化、读书活动有效提高了员工的综合素质；再如，通过诚信文明进井场，对政府和老百姓讲诚信，对甲方和客户讲诚信，对员工和家属讲诚信，将保障国家能源安全作为第一信条，营造了良好的内外部环境，促进了勘探工作的顺利进行。

二要赞扬井场文化有特征——精细化。长庆钻井总公司精细化的突出特征是，现场管理精细化、安全精细化、考核精细化、成本控制精细化，其本质是一个持续改进、不断完善的过程。在实施现场管理精细化中，他们先后推广“5S”（整理、整顿、清扫、清洁、素养）管理，加强“三标”（操作标准化、现场标准化、管理标准化）建设。在操作标准化上，提出“只有规定动作，没有自选动作”；在现场标准化上，力求分区清楚、目视清楚、摆放清楚，标准是工完、料尽、场地清。这样做，有效地把标准化、精细化的约束力和员工的主观能动性联系起来、结合起来，保证了勘探工作的深入展开。

三要赞扬井场文化有特色——多元化。经过 20 多年的实践探索，中国企业文化建设形成了“一主多优”的基本模式。“一主”就是有企业特色的主导、主体、主流文化，“多优”就是企业文化的多元化、多样性。

纵观长庆钻井总公司的企业文化建设，从一个侧面印证了这一基本模式，也可以说长庆钻井总公司建设了“一主多优”文化。“一主”就是井场文化，“多优”就是井场传统文化、井场安全文化、井场示范文化、井场品牌文化、井场人本文化、井场亲情文化、井场廉洁文化、井场和谐文化等。其中，井场安全文化、质量文化是生命，井场人本文化、亲情文化是基石，井场示范文化、品牌文化是先行，井场传统文化、学习文化是动力，井场环境文化、廉洁文化、和谐文化是保证。当今，企业的成分是多元的，员工的需求也是多元的，只有建设“一主多优”的文化，才能满足员工的期盼，促进企业的发展，适应党和国家的要求。

感谢长庆钻井总公司企业文化建设的创新和贡献！

祝愿井场文化像大庆精神、铁人精神一样发扬光大!

**点评专家**:中国文化管理学会企业文化管理专业委员会

理事长　研究员　　　　　　　　　　　　　　　　郑启清

## 【河北保定交通运输集团有限公司企业文化案例】

# 集团简介

河北保定交通运输集团有限公司成立于1950年6月1日，经过六十年发展，已成为保定市唯一的集公路客运、物流、汽贸服务、城市公共交通、旅游出租、机动车维修、行业技术培训、石油产品经销、商贸、宾馆、餐饮等业务于一体的大型综合道路运输企业。保运集团下辖12家子公司、40余家分公司、2个一级客运站、23个二级客运站等50个基层单位。现有职工近万名，各类客、货汽车4200余部，长途客运线路600余条，日发班次4000余个，市区公交线路56条，日输送旅客38万人次，营运范围通达17个省、市、自治区，被交通运输部评定为国家一级客运资质、二级货运资质，位居全国道路运输企业综合实力22强。

保运集团以“诚实守信、追求卓越、服务顾客、奉献社会”为企业核心价值观，以人为本，科学发展，加快转变经营发展方式，做强客运核心产业，实施“对接京津”，推进城乡公交一体化，优化产业结构，做大物流业、汽贸业，形成客运、物流、汽贸三大经济支柱产业，使保运集团走上可持续发展的轨道，先后被授予“中国道路运输百强诚信企业”、“全国企业文化优秀单位”、“部级优质运输先进集体”、“河北省思想政治工作先进集体”、省市级“文明单位”、“河北省明星企业”和“河北省诚信企业”称号。客运中心站“郭娜陆地航空班”荣获“全国三八红旗集体”、“全国工人先锋号”等荣誉；“保运快客”乘务组连续多年保持了省级“青年文明号”称号。

2011年2月1日，胡锦涛总书记来到保运集团客运中心站，实地查看旅客出行和客运服务情况，看望慰问一线员工，对保运集团一心为旅客着想、创新服务的做法给予了充分肯定。总书记的殷切希望和嘱托，激励着保运万名员工决心以总书记的关怀和鼓舞为强大的精神动力，弘扬“万众一心，事争一流，风雨同行，与时俱进”的企业精神，凝心聚力，创百年保运，拓万里征程。

# 丰富保运文化 引领企业发展

陈红兵 张 宁 张 玫

河北保定交通运输集团有限公司成立于1950年6月，经过60多年艰苦创业，由小到大，由弱变强，已发展成为集汽车客货运输、城市公交、旅游、物流业、整车销售、配件销售以及汽车修理、宾馆、餐饮等业务为一体的综合性企业集团，具有国家一级客运资质。保定交通运输集团积极探索具有保运特色的企业文化模式，不断丰富保运文化，努力提高企业核心竞争能力，实现了集团更好更快发展。先后四次被交通部授予“部级优质运输先进集体”称号，多年被评为省市级“文明单位”和“思想政治工作先进单位”、荣获“河北省明星企业”、“河北省诚信企业”等称号。

今年2月1日，胡锦涛总书记来到保运集团客运中心站视察工作。总书记的殷切希望和嘱托成为万名员工强大的精神动力，激励和鼓舞着保运人凝心聚力、开拓进取，“创百年保运，拓万里征程”，使保运集团企业文化工作更上一个新的台阶。

## 一、构建一流企业文化体系，推动企业科学发展

2010年，以董事长、党委书记张生为首的新班子上任后将企业文化建设工作摆上了重要议事日程，“双代会”上提出全面建设企业文化的决议。虽然新班子上任后各项工作千头万绪，但打造一流企业文化的目标始终没有动摇，领导重视是企业文化建设的重要条件。为了构建国内一流的企业文化体系，我们组成了由企业文化专家、集团公司领导、中层干部和基层同志们参加的企业文化建设小组，按照《河北省交通企业文化建设纲要》的要求，确立了指导思想，即：“紧紧围绕企业实际，继承和发扬保运深厚的文化底蕴，提高员工素质，树立共同理想，塑造团队精神，促进企业管理，

锻造优秀品牌，提升企业形象，为促进企业又好又快发展提供强大思想文化保障。”

企业文化建设的生命力源自于全体员工的共同创造，只有引导员工将企业文化的要求转化为自觉的行为，企业文化建设才有意义。为此，在企业文化构建中我们注意调动全体员工的积极性、创造性，发挥他们的聪明才智。首先组织座谈、开展员工企业理念名言征集等活动，面向职工广泛征集企业文化内容，活动中共征集理念 5600 条，行为规范 3200 条，司歌歌词 600 多首，企业标志思路、吉祥物初样、企业旗帜、色彩意向共 700 多条。征集上来的内容由企业文化建设小组进行初选和梳理，形成企业文化初稿；由专家组甄别后交集团领导定夺，形成了员工满意、领导认可的企业文化体系。由于全体员工的广泛参与，“保运文化”变为“我们的文化”。

保运标志的设计创意，以“保运”汉语拼音“B”为设计元素，形成律动感生动、强烈的、具有视觉冲击力的几何图形标志，象征保运集团锐意发展、追求一流绩效的精神意志。在保运标志的设计时我们联系了中国 CI 工程发展中心主任、中国工业设计协会创始人贺懋华教授。他在百忙之中亲自为保运设计标志，达到了较高水准。

一代名驹“赤兔马”是保运集团的吉祥物。董事长、党委书记张生亲自提出吉祥物设计思路，由河北大学工艺美术学院、西安美术学院提供设计素材，贺懋华教授亲自执笔设计完成。吉祥物“赤兔马”，具有强壮、矫健、忠勇、日行千里、夜行八百的品质特点，象征保运集团忠诚、勇敢、雷厉风行、锐意发展的精神意志，彰显保运客车奔驰华夏大地，连通四面八方，高速快捷的交通运输行业特征。

为了形成符合企业实际且被员工广泛认同的较高水平理念系统，企业文化建设小组成员同专家一道发扬特别能吃苦、特别能战斗的作风，每天连续工作到深夜一二点钟，反复调整修改理念思路，甚至为确定一个理念反复推敲、研究，力求达到较高水准。《张开腾飞的翅膀》，是保运司歌，这首赋有动感的歌曲现在已被千万员工广为传唱，深受员工喜爱。“司歌”由董事长兼党委书记张生、总经理王陵江、党委副书记李淑珍亲自作词，著名作曲家蔡海波教授谱曲。在“司歌”的创作中，为了更好同企业融合，蔡海波教授同我们企业文化建设人员一道，坐班车、去车站、到车间，深入到广大职工中间，紧紧把握企业脉搏，深入了解“司情”，亲密接触“职工文化”，深刻感受企业“环境”，最后形成了带有浓厚的运输单位特色的“保运司歌”。

## 二、致力于服务品牌创建，不断丰富保运文化的内涵

保运集团以品牌战略为出发点，以塑造企业形象、打造服务精品为切入点，以优质服务奉献社会为落脚点，大力开展各种形式的品牌创建活动，推动了企业文化建设的不断升级。

**1. 搭建展示平台，优秀员工脱颖而出**

保运集团以“三优”（优质服务、优美环境、优良秩序）、“三化”（服务过程程序化、服务管理规范化、服务质量标准化）、“三满意”（乘客满意、企业满意、社会满意）为构想，大力开展了“让旅客满意在保运”、“情满旅途、优质服务”等活动，广泛搭建员工展示平台。在活动中，丰富活动内容，创新活动载体，如利用多媒体进行展示，跟踪拍摄记录活动情况，制作影像资料，通过现代化手段提高活动影响力；制作条幅，组织员工签名，营造轰动效应；组织活动中涌现的优秀人物到基层单位演讲交流，促使活动不断升级等。通过活动开展，使优质服务、礼貌待客、拾金不昧、保证安全成为企业员工的主流意识，一大批优秀员工脱颖而出，受到旅客好评。

**2. 精心培育品牌，树立先进典型**

为了使品牌产生巨大的影响力和带动作用，做到家喻户晓，深入人心，保运集团从目标、形象、理念、内容等方面进行深入研究，从品牌定位、品牌设计、品牌推行等流程不断探索，精心筛选，重点培育了以优质服务闻名全国的保定客运中心站“郭娜陆地航空班”、被广大旅客称为“一枝花”的保定至天津班线“太阳花”服务组、连续荣获省市级青年文明号的保定客运中心站“小红帽”服务组等一批深受乘客喜爱的服务品牌和模范人物。曾在中央电视台一展风采被评为“全国工人先锋号”、“三八”红旗集体的“郭娜陆地航空班”坚持以顾客为关注焦点，以“只有顾客想不到的，没有我们做不到的”为经营理念，为旅客提供一个轻松、舒适、温馨的服务环境，成为古

城保定一道靓丽的风景线。她们的服务不仅得到广大旅客的一致称赞，也受到习近平、王兆国等党和国家领导人的接见；在今年胡锦涛总书记视察保运时对“郭娜陆地航空班”的工作给予肯定。“太阳花”服务组推行“微笑服务，细节服务”的工作方法，服务项目有针线包、晕车药、信封等达百项。“小红帽”服务组提出“文明用语要热心、微笑服务要真心”的工作理念，坚持领导在与不在一个样，检查与不检查一个样，心情好坏一个样，赢得广大旅客的广泛赞誉。

**3. 坚持品牌引路，发挥激励作用**

“润物无声，见贤思齐。”保运集团通过各种宣传媒体大力宣传品牌，不仅使品牌家喻户晓，使广大员工学有榜样、赶有目标，在全公司形成了学先进、赶先进、争先进的热潮。各品牌的优质服务内容，模范人物的先进事迹潜移默化地影响着每一位员工，通过品牌效应和激励作用，员工整体素质有了很大提高，服务理念和服务水平得以进一步提升。

## 三、致力于思想道德建设，进一步推动文化渗透

保运集团重视思想道德建设与生产经营工作紧密结合，融入文化资源，推动文化渗透，用企业文化资源和文化力量感染职工，教育职工，强化了职工的价值观和行为准则。在工作实际中，着力抓好理想信念教育、形势政策教育、民族精神教育、荣辱观教育，使员工树立了正确的思想观念，提高了思想认识和道德修养。通过教育引导广大员工热爱企业、建设企业、发展企业，形成了“拼搏、敬业、爱岗、奉献”的良好氛围。

**1. 创新工作方式，加强宣传教育攻势**

保运集团结合运输企业点多线长、人多分散的实际，摒弃照本宣科、上传下达工作方法，采取多形式、多方位、多途径的方法，将思想道德建设工作融入每一个车间、每一节车厢、每一个车站直至每一扇服务窗口。如充分利用各种会议、培训、网络、板报、企业内报、橱窗、广播、电子大屏幕滚动播出等，大力宣传科学理论知识、传播先进文化、塑造美好心灵、弘扬社会风气、倡导良好精神，实现用共同的理想团结人、用优秀的精神去感召人、用先进的典型激励人。每年组织开展“歌咏比赛”、“演讲比赛”、“诗歌朗诵

会”，提高了员工思想素质。每年出版发行《保定交通运输报》24000份，形成以宣传报道员为主体的宣传网络，发挥了阵地作用。由于坚持正确的舆论方向，开展强大的宣传攻势，形成了企业健康向上的氛围。强有力的思想政治工作保证了员工思想稳定，企业和谐。

**2. 坚持党员引路，叫响“我是共产党员”口号**

“一个党员，一面旗帜”，党员的先锋模范作用是推动各项工作前进的动力。保运集团党委每年“七一”等重要节日均开展各种纪念活动，组织党员重温“入党誓词”，强化党员意识。设立“党员先锋岗”、“党员先锋号”，成立了“党员突击队”、“党员先锋队”，叫响“我是共产党员”口号。不仅便于旅客识别，还方便群众监督，掀起了党员带群众，先进带后进的热潮。通过党员引路实现了三个明显增强：一是党员意识明显增强。广大党员认真履行义务，工作中冲在前列，困难工作争着干，义务劳动抢着干，刷新了企业新风尚。二是服务意识明显增强。广大党员带头讲文明、讲诚信、促和谐，影响和带动广大员工奉献企业、奉献岗位，好人好事层出不穷，赢得社会各界的好评。三是责任意识增强。广大党员把履行党员义务做为追求目标，责任感、荣誉感明显增强。群众纷纷向党员看齐，共青团、工会、妇联等组织也充分发挥作用，企业步入健康发展的轨道。

## 四、致力于不断提升员工素质，诠释人本管理的真谛

**1. 加强员工培训，提高员工素质**

保运集团以创建“学习型企业”、培养知识性员工为目标，不断用新的理念和思想塑造职工行为。在全公司上下营造出“学习工作化、工作学习化、学习生活化”良好学风。每年拿出职工工资总额的2%的资金，投入职工教育培训，设立了职工教育中心，建立了职工培训基地，根据不同的岗位开展不同的形式的培训活动，完成了对1551名中级技术人员的培训。鼓励员工自学成才，同湖南大学联合办学，开展网络远程教育，有近千名员工取得了大中专学历。2008年集团公司开展职工技能大赛，促进了员工技术升级，掀起了比学赶帮超的学技术练本领热潮。

**2. 创新管理方式，实施人本管理**

制度是落实企业文化理念，实施科学管理，提高员工执行力的重要保证和基础。保运集团培育发展制度文化，引进实施了 ISO9000 质量管理体系，坚持用制度管人、管物、管事，建立健全了《企业岗位职责》、《工作标准》、《分配机制》，实行了干部员工工作质量考核办法，工作质量与分配挂钩，每月兑现奖惩。在管理和考核中以人为本，将工作尽量精细化，教育干部带着感情做工作，经常性换位思考，调动了干部职工的积极性，使无形的文化理念通过有形的管理得以体现。

**3. 完善用人机制，选择优秀人才**

保运集团建立科学合理的用人机制，在选拔干部上坚持德才兼备、注重实绩、群众公认的原则，把政治上靠得住、工作上有本事、作风上过得硬，人品好、素质高、业务强，有事业心、群众信赖的优秀员工选拔到领导岗位，并每年进行干部考核，完善民主测评、群众座谈、情况反馈等程序，让庸者下，能者上，打通干部流通通道。

## 五、致力于和谐文化构建，打造和谐保运

保运集团以发展增强和谐、以改革促进和谐、以公平求得和谐、以稳定力保和谐，积极营造和睦平等、稳定有序的环境，最充分、最广泛地调动一切积极因素，从而实现了“平安运输、和谐保运”的目标。

**1. 坚持以人为本，打造“民心工程”**

保运集团从尊重人、理解人、关心人、帮助人的理念出发，构建简单和谐的人际关系。企业重大决策及涉及员工切身利益问题均召开职工、股东代表大会，由代表审议，充分尊重员工参与权、知情权。通过加强民主管理构建企业公开、公平、公正的平台，使各方面利益关系和利益要求统筹协调、良性运转。坚持开展送温暖、献爱心活动，实施群众满意工程。如逢重大节日，集团公司各级领导均携带慰问金及慰问品深入离退休及困难职工家中走访慰问，排忧解难，将党的温暖和企业的关怀送到员工家中。按照上级部署，保运集团在取得文明生态村和扶贫工作优异成绩的情况下，又承担了文明生

态村创建工作和扶贫点共建的任务，尽了一份社会责任。四川汶川大地震发生后，员工踊跃捐款，仅2天时间就捐款26万元，企业捐款200万元。党组织一声号召，一天时间共产党员积极交纳特殊党费20多万元汇至上级党组织救灾专用账号，为灾区人民奉献爱心。四次派出车辆承担救灾运输任务赶赴灾区运送棉衣被和救援人员，他们克服蜀道难行、余震不断等艰难险阻，圆满完成了任务，得到表彰。在服务奥运工作中，保运集团挑选精兵强将组成奥运服务车队赴京，以一流的车辆、一流的服务，为奥运作贡献。广大员工表现出高尚的情操和大局意识，他们在奥运服务过程中得到奥组委、交通部、省交通领导的高度评价，为祖国增了光。

**2. 大力开展文体活动，增强企业凝聚力**

保运集团坚持工作、学习、娱乐有机结合，组建了业余乒乓球队、篮球队、军乐队，建设了职工活动中心、职工之家、健身房等活动场所，定期举办体育竞赛、联欢会等活动，活跃了职工文体活动，陶冶了职工情操。通过各项活动的开展，鼓舞了士气，增强了干部与员工之间、员工与员工之间的和谐，为企业健康发展奠定了基础。

**3. 着力建设安全文化，确保企业安全稳定**

安全稳定的环境是和谐企业的重要标志，是企业和谐运行的基本保障，反映了企业的管理水平。保运集团确立"安全第一"的管理理念，通过强化安全管理，完善四个机制（即安全理念教育机制、安全制度落实机制、安全目标考核机制、安全工作检查机制），着力解决影响运输安全的不和谐因素，有效地防范重、特大事故的发生。由于不断加强企业内部保卫工作，强化稳定工作，使安全、保卫、稳定工作体系高速运转，营造了安全稳定环境，保持了企业稳定局面。

企业文化建设是企业发展的精神支柱，是企业持续发展的强大动力。保定交通运输集团发展壮大60年的辉煌业绩，正是把握丰富企业文化内涵、弘扬企业精神这一主线，不断坚持企业文化建设，推动企业文化建设向精、深、细发展，以强势的文化力提升了企业实力，提高了企业的管理水平，增强了企业的向心力和凝聚力，促进了企业不断进步，员工不断进取，使企业和谐共进，成绩斐然。

## 【专家点评】

# 提升保运文化品质　创建优秀服务品牌

## ——河北保定交通运输集团有限公司企业文化建设简评

河北保定交通运输集团（以下简称“保运集团”）成立于上个世纪 50 年代，经过六十余年风雨历程，现在发展成为保定市唯一的集公路客运、物流、汽贸服务、城市公共交通、旅游出租、机动车维修、行业技术培训、石油产品经销、商贸、宾馆、餐饮等业务于一体的大型综合道路运输企业。近几年来，以董事长、党委书记张生为首的新班子将企业文化建设工作摆上了重要议事日程，积极探索具有自身特色的企业文化模式，实现了保运集团更好更快发展。

我曾经有幸实地考察保运集团，他们在自觉加强企业文化建设、努力创建优秀服务品牌方面取得的突出成就给我留下了深刻的印象。

保运集团坚持以发展增强和谐、以改革促进和谐、以公平求得和谐、以稳定力保和谐，积极营造和睦平等、稳定有序的环境，最充分、最广泛地调动一切积极因素，从而实现了“平安运输、和谐保运”的目标。在实际工作中，保运集团以“三优”（优质服务、优美环境、优良秩序）、“三化”（服务过程程序化、服务管理规范化、服务质量标准化）、“三满意”（乘客满意、企业满意、社会满意）为构想，大力开展了“让旅客满意在保运”、“情满旅途、优质服务”等活动，广泛搭建员工展示平台。其中，在创建优秀服务品牌方面最具有代表性的突出亮点就是保定客运中心站“郭娜陆地航空班”的先进事迹。她们把航空服务模式创造性地运用于地面客车——候车服务过程，按照航空系统的服务标准开展道路客运服务，总结出一套行之有效的“郭娜服务法”，以“只有顾客想不到的，没有我们做不到的”为服务理念，为旅客提供一个轻松、舒适、温馨的服务环境，八年如一日为广大旅客提供热情优质服务，成为古城保定一道靓丽的风景线，不仅得到广大旅客的一致称赞，也受到习近平等党和国家领导人的接见。2011 年 2 月 1 日，胡锦涛总书记来到保运集团客运中心站，实地查看旅客出行和客运服务情况，看望慰问一线员工，对保运集团一心为旅客着想、创新服务的做法给予了充分肯定。总书记的重要讲话就是最好的褒奖，人民群众的口碑就是最大的丰碑。她们高度的敬业精神、饱满的工作热情、新颖的工作方法和不讲回报讲奉献的高尚情操，成为道路运输行业服务的一面旗帜。在当今非常浮躁的社会现象面前，她们的做法就更显得珍贵！我觉得，保运集团“郭娜陆地航空班”的做法和经验是新时期最有创意的服务模式，是最有人文价值的工作典范，是时代精神的最佳写照，具有跨行业的示范意义和推广价值！

保定客运中心站“郭娜陆地航空班”的时代意义还需要继续挖掘、整理、升华，几个看似普通的小姑娘却做出了极其不普通的事迹，真实、可信、可敬、可爱、可学，不作秀，不功利。什么是不简单？把简单的事情重复做好不出错就是不简单；什么是不平凡？把平凡的事情无怨无悔地坚持做下去就是不平凡。以郭娜陆地航空班为代表的“保运集团服务模式”最感动我们心灵的是什么？是服务的对象。乘坐长途客车的大多数是平民百姓，保运集团在为一般百姓服务上用大功夫，真正值得尊敬！

《丰富保运文化，引领企业发展》一文深刻揭示了企业文化的内涵，理念新，亮点多，效果实，我们愿意为进一步推广保运集团自觉加强企业文化建设、努力创建优秀服务品牌方面的示范意义和推广价值尽一份力量，因为这也是我们自己的灵魂得到升华的过程。

真诚祝福保运集团全面实现科学发展的愿景目标！

**点评专家**：中国文化管理学会常务理事

中国文化管理学会企业文化管理专业委员会副理事长

企业文化管理测评专家委员会主任、研究员　　解云天

## 【华峰集团企业文化案例】

# 企业简介

创办于 1991 年 5 月的华峰集团是一家以化工新材料为主，以港口物流、金融、贸易、新能源等产业为辅的大型民营股份企业。现有员工 5600 余名，总资产 110 亿元，综合实力连续多年名列“中国大企业集团竞争 500 强”、“中国制造业企业 500 强”、“中国民营企业 100 强”、“中国石油和化学工业百强”。

华峰集团现在温州、上海、重庆、江苏、辽阳等地建有六大生产基地，下辖 30 余家全资及控股公司，两家自主上市公司，其中集团旗下的四大国家高新技术公司，已分别发展成为国内、亚洲乃至全球最大的超细纤维革、氨纶纤维、保温材料、聚氨酯鞋革树脂生产企业。主要研发生产聚氨酯树脂、聚氨酯弹性纤维、超纤合成革、铝箔和保温材料等系列产品，是聚氨酯鞋革树脂、氨纶长丝、超纤合成革等五大产品国家行业标准的起草制定单位，聚氨酯树脂、氨纶两大系列产品被评为“中国名牌产品”，“聚峰”、“千禧”两枚商标被认定为“中国驰名商标”。

创业以来，华峰集团一直坚持走创新发展、科学发展的路子，大胆突破传统民营企业发展模式，获得了超常规的发展，被誉为“新温州模式”的典型代表。

短短 20 年的发展，是什么力量，使一家名不见经传的家庭作坊式小厂，发展成为了今天令人瞩目的大型企业集团？是什么力量促使华峰没有像其他企业一样出现大起大落现象，始终保持高速稳定发展？纵观华峰每一阶段的成长，驱动华峰发展最强劲的力量来自于企业文化这个“软实力”的创新和落地；来自于华峰立足企业的实际，以战略眼光审视企业发展，确立了打造具有华峰特色的企业文化思路，并身体力行、竭力探索和实践符合企业特点的企业文化架构体系，把企业文化建设融入企业管理、思想政治工作和精神文明建设的全过程。

多年来，华峰集团在公司积极倡导、推进和实施企业文化建设战略，在企业核心价值理念提炼、文化内涵延伸、运作机制建立、建设成果运用等方面作出积极努力，独具特色的企业文化建设也促使华峰荣获了“中国企业文化建设50强”、“中国石化工业企业文化建设示范单位”、“全国文明先进单位”、“全国模范劳动关系和谐企业”、“国家环境友好企业”、“学习型组织先进单位”等百余项荣誉称号。近年来，华峰按照企业文化建设的总体目标与要求，不断加大了企业文化的推进力度，企业文化建设已经呈现出健康发展的态势，为公司的发展发挥了保证和支撑作用。

# 企业文化是企业发展的生产力

## ——华峰集团企业文化建设实践

邹宗钧

**【文化理念体系】**

核心理念：共同目标　共同创业　共同利益　共同发展

企业使命：致力于客户与公司的成功进行创新

企业愿景：打造国际一流的高品质的新材料提供商

企业价值观：为客户创造价值，为员工谋求发展，为股东实现回报，为社会承担责任

企业精神：务实为本，创新为魂

经营理念：以效益为中心，视人才为资本，以市场为导向，视信誉为生命

管理理念：事责权利相统一，激励约束相结合，规范创新相促进

服务理念：满意多一点

人才理念：以德为先，适者为才

团队理念：从信任到默契，以协作求卓越

执行理念：主动负责，跟进提升，慎终如始

EHS 方针：全员参与，预防为主，强基控源，持续改进

质量理念：宁可少做亿元产值，不让一件不合格品出厂

工作态度：主动、严谨、责任、奉献

人生信条：先修做人之德，后做做事之道

精神文明建设方针：以人为本，文明塑魂，内强素质，外树形象

五心观：对员工关心，对客户热心，对同事诚心，对公司忠心，对业务专心

品牌核心传播语：用新创享生活

**【文化实践】**

## 一、华峰企业文化建设的总体目标和重点工作

### （一）"提升企业核心竞争力"是华峰企业文化建设的总体目标

紧紧围绕"共同目标、共同创业、共同利益、共同发展"的文化核心理念和"致力于客户与公司的成功进行创新"的企业使命，继续丰富华峰企业文化理念体系，深化员工对企业文化理念体系的认同、信奉和实践，加快企业文化管理体系的规划和企业文化制度体系、行为体系、考评体系的开发，以进一步提升企业核心竞争力；全方位塑造企业形象，进一步提升品牌效应，为实现企业战略目标提供精神动力。

### （二）"体系构建、制度规范、形象塑造"是华峰企业文化建设的重点工作

建设具有华峰特色企业文化是"十二五"期间推进的重点工作。

**一是以"四个共同"为核心理念，构筑企业文化理念体系。**"共同目标、共同创业、共同利益、共同发展"是华峰企业文化的核心理念。去年以来，为营造"企业有朝气、产品有名气、领导有正气、员工有士气"的发展环境，积极推进文化强企战略，华峰对原有企业文化进行了整合和创新，历经半年时间从精神层、制度层、行为层和物质层四个方面提炼了企业使命、愿景、

价值观、企业精神等 20 条富有华峰特色的企业文化理念，这些文化理念是华峰在长期发展实践中逐步培育形成的，是华峰宝贵的精神财富和优秀的文化成果。

**二是以规范管理为基础，推进制度行为文化建设**。制度行为文化是精神文化的动态反映。加强制度行为文化建设，以健全完善的制度作保证，规范约束企业和员工行为，使文化理念体系成为员工普遍认同和自觉遵循的行为准则。首先建立和完善员工行为规范；其次以核心理念为指导，修订及完善公司培训体系、薪酬体系、绩效体系等有关制度；第三深入开展精神文明创建活动，努力提升企业和员工的文明素质；第四努力打造学习型企业，大力倡导全员学习、终身学习的良好风气，创新学习方法，把学习培训与工作有机融合起来，让员工在工作中学习，在学习中工作，在掌握运用新知识、新技能中实现自我价值，提升队伍的整体创新能力；第五进一步完善激励约束机制，制定员工奖惩条例；第六进一步完善绩效评价体系，奖优罚劣，创造有利于人才成长的良好环境。

**三是以塑造企业形象为重点，展示华峰文化特色**。华峰要通过积极努力，多方面、多层次集中塑造和展示行业龙头的品牌形象。充分利用长期形成的实力优势、管理优势和技术优势，在大范围、多领域抓名牌项目，建名牌工程、创名牌效益，利用品牌的形象扩张力提升市场开拓力；塑造和展示华峰协作、创新、务实、高效的服务形象；塑造和展示华峰人讲文明、有能力、可信赖的员工形象。塑造和展示华峰优美的工作环境和生活环境。塑造和展示华峰良好的社会形象。主动与政府、社区、上下游供应商和新闻媒体密切接触和友好联系，积极参与社会公益事业，广泛传播企业形象，使企业整体形象为社会公众所赞誉。同时华峰将从“温馨”华峰家、“品质”华峰家和“梦想”华峰家三个阶段推进“家”文化建设。

## 二、“六化”是华峰企业文化建设实践的路径

“同化于优、融化于情、内化于心、外化于形、物化于制、强化于基”是华峰集团企业文化建设的方法与路径。伴随着企业的成长，华峰逐渐形成了

“四个共同”的理念文化、共同遵循的制度文化、与时俱进的创新文化、质量至上的经营文化、安全第一的责任文化、环保优先的形象文化、永无止境的学习文化、人文关怀的人本文化和责任关怀的和谐文化。

**“四个共同”的理念文化**

“共同目标、共同创业、共同利益、共同发展”是华峰文化的核心理念。“四个共同”体现了华峰以人为本、和谐发展的思想。“共同目标”是方向，“共同创业”是基础，“共同利益”是纽带，“共同发展”是目的。

**共同遵循的制度文化**

制度是华峰可持续发展的保障。华峰不断建立与健全企业的规章制度，制定了 100 多个基础类和专业类的管理标准。规章制度夯实了华峰的管理基础，形成了从领导到员工一切以制度为准则的文化习惯。

**与时俱进的创新文化**

创新是华峰持续发展的强劲引擎。华峰广开专家级技术人才的引进渠道，注重培养技术研发力量，构建了产学研为一体的多层次、开放式的技术研发体系。建立了国家级技术中心 1 个，国家行业研发中心 2 个和省级研究院 2 个，加快了新材料、新技术、新工艺的应用。近年来，华峰研制开发了具有自主知识产权的新产品 100 余项。其中 38 项产品通过省级鉴定，50 多项产品达到国际先进水平和国内领先水平，8 项成为国家火炬计划项目，并获得国家专利 121 项。

**质量至上的经营文化**

质量是华峰的“生命线”。华峰集团在全国同行业中率先通过了 ISO9001 质量体系认证、ISO14001 环境体系认证和 OHSAS18001 职业健康安全管理体系认证等。多项产品通过国家新技术新产品鉴定，被评为国家和省市级“名牌产品”。华峰以“宁可损失亿元产值，也不让一件不合格产品出厂”为质量方针，做一个有抱负、有责任感的中国企业！

### 安全第一的责任文化

安全是华峰的“高压线”。华峰在ISO14001国际环境体系认证的基础上，建立了以“我的区域我负责、相邻边界我管理”为核心的具有自身特色的EHS管理体系。华峰安全经费不受控制，完善健全安全组织机构与制度，创新安全培训方法，开展“千日零事故”等别具特色的安全活动。华峰始终把安全放在工作首位，致力于企业健康与员工健康的和谐一致，做到“零事故、零损失、零伤害”。

### 环保优先的形象文化

华峰致力于绿色环保新产品的研发与生产，努力打造可持续发展的绿色企业。华峰建立健全ESH安全环保职业健康体系，举办“环保开放日”，不惜投入8000万元巨资购置先进环保设备，保证三废达标排放。对安全环保的重视和相关有力措施的实施使华峰被评为浙江省绿色企业、国家环境友好型企业。华峰，既要快速发展，又要碧水蓝天，立志为企业与环境的和谐发展创造新的价值!

### 永无止境的学习文化

“完善自我，成就未来”是华峰的学习理念。华峰通过建立与实施“在岗学习、集中培训、知识管理”三大机制来培养员工、发展员工和成就员工，实现员工的成长成才。华峰建立学习机制，创设培训载体，壮大内部培训师队伍，丰富员工的培训方式和内容，每年投入超过500万元培训经费，采用“请进来”与“走出去”的方法来全面提升员工的学习能力、实践能力和创新能力。

### 人文关怀的人本文化

以人为本，是华峰一贯坚持的方针。华峰企业文化建设的对象始终是全体员工，建设的重点始终着眼于建立一种合理的劳资关系、和谐的人际关系和平等的上下级关系，形成一种亲和力。对员工的情感关怀是华峰人本文化的缩影。在华峰，建有投资4亿元的配套齐整的华峰专家楼和人才公寓，建有设备齐全的员工会馆；在华峰，每位员工过生日都能得到一份生日礼物和贺卡；每逢端午、中秋、春节等重要节日，员工都会得到公司赠给的礼品或礼券。在华峰，集团每年都会组织员工广泛开展读书月活动、知识竞赛、演讲比赛、辩论赛、歌手大赛、文艺汇演、创新创优创效竞赛、运动会等活动，以增进员工友谊，展示员工风采，活跃员工文化，陶冶员工情操；在华峰，建有薪酬自动提升机制，每年根据国内 CPI 变化情况，相应提高员工的薪酬待遇水平；在华峰，企业把非温籍员工希望解决的子女入学、配偶工作、生育落户等方面的问题当作“民心工程”，一一落实解决。……不论职务高低，不问级别大小，把关心人、尊重人、依靠人、培养人贯穿于企业活动始终的华峰，体现了企业文化中深蕴的人文情怀，体现了对“人”的尊重，稳定了员工的人心，激发了员工的热情，推动了企业的发展。

**责任关怀的和谐文化**

华峰集团自创办以来，始终秉承“为客户创造价值，为员工谋求发展，为股东实现回报，为社会承担责任”的价值观，用自己的实际行动践行企业应尽的社会责任，做优秀企业公民，积极投身社会公益事业，用实际行动兑现与社会和谐共成长的承诺。近几年来，华峰集团在抗震救灾、助学助教、植树造林及光彩事业、慈善事业等公益事业方面已累计捐赠达 7100 万元。由于弘扬“致富思源、富而思进，扶危济困、乐善好施，义利兼顾、德行并重，发展企业、回馈社会”的精神，2009 年华峰集团被授予“中华慈善突出贡献单位（企业）奖”。

## 三、“七落地”是华峰企业文化建设的措施和效果

企业文化是企业发展和进步的动力源泉。多年来，华峰集团在企业文化深植和企业文化管用上下功夫，把企业文化建设的重点放在“七落地”上，不断解决员工对企业文化的认同，完成员工对企业文化理念由内化于心到外化于行的转化过程，发挥了企业文化推进企业发展的软实力作用。

**一是创新载体，保证文化精神落地。**“务实为本、创新为魂”是华峰的企业精神，是华峰第一创业期间形成的，也是华峰二次创业的精神动力和文化

支撑。华峰始终把握住务实精神、创新精神这个根本，通过创新“华峰论坛”、“华峰讲坛”、“员工沙龙”等载体，开展“新主人翁精神”演讲比赛、“企业之歌”歌词征集、“先进员工事迹报告会”以及创新、创优、创效竞赛等主题活动，通过活动载体使广大员工对华峰企业文化精髓和本质的理解和认同，促进了企业文化之魂——务实精神、创新精神的落地，使华峰精神在广大员工中深深扎根。

**二是创新观念，保证文化理念落地。**先进的文化理念只有经过员工自觉地由内化到外化的转化过程，才能在提升企业管理中发挥作用。华峰是由32家分布在温州、上海、杭州、重庆、江苏等地的全资和控股公司组成的一家集团公司，不同产业、不同基地的各个公司在规章制度、人员思想观念和管理理念等方面都存在着较大的差异。在这种情况下，华峰通过企业文化课件开发及宣贯、文化故事征集、文化沙龙基层行、安全月、现场改善年、质量月辩论赛等主题教育活动，不断地把企业文化深植于基层和广大员工之中。

**三是创新文化体系，保证文化战略落地。**企业文化建设作为一项系统工程，需要强有力的保证措施来持续推进。华峰把文化保证措施作为创新机制的重要环节来抓，坚持对企业文化建设的工作思路不断进行创新和完善，使其更具前瞻性和操作性。2009 年上半年，华峰进一步明确了企业文化建设的指导思想、基本原则、总体目标和发展思路，突出构建创新文化、学习文化、制度文化、安全文化、质量文化、廉洁文化、人才文化和形象文化“八个重点”。为了使这些文化战略能够落到实处，华峰先后组织文化骨干外出考察学习，并聘请中国企业文化研究会常务副会长孟凡驰等专家学者来公司讲课、咨询，使广大员工对公司的企业文化建设战略有个明确的认识。这些思路在具体的推进过程中，公司又制定了科学的标准与措施，做到有内容、有检查、有评比、有资金投入，长短结合，措施配套，确保企业文化建设思路和保障措施的落地。

**四是创新机制，保证文化规范落地。**规章制度的建设，不仅要建立严格科学的规范与流程，更重要的是建立一个，执行一个。华峰把从严管理和人性化管理有机结合起来，坚持以打造创新力为落脚点，以强化规范力为切入点，以提升执行力为着力点，用制度文化诠释和规范企业管理，有效地推进了文化与管理的有机结合。2008 年下半年来，华峰在原有的规章制度的基础上进行调查座谈并修订相关制度，又发动员工对岗位责任制度和安全环保规章制度进行了认真修订。在加强企业规范的管理上，华峰还把注重环境保护作为树立企业良好形象的一项具体工作来抓，投资 8000 多万元用于污水处理、废气回收、固废处理、中水回用。去年，公司的外排污水合格率、环境空气达标率、污染源废气达标率均达到 100%，厂界噪声达标率达到 95% 以上，树立了华峰企业与环境的和谐新形象。

**五是创新管理，保证文化作用落地**。文化管理是管理的最高境界。华峰始终坚持依靠员工建设企业文化，鼓励员工参加企业文化践行活动，加深了对华峰文化内涵的理解，发挥了文化管理的功能和作用。近年来，华峰建立起董事局主席访谈日、员工论坛、内刊声音栏目、说吧栏目、华峰之窗公开栏等，就是要把民主管理融入企业文化建设之中，用企业文化推进民主管理，用民主管理促进企业发展。同时，公司还大力推广厂务公开制度。“公开透明”给予员工以最广泛的知情权，“公正办事”给予员工最充分的监督权，“公平竞争”给予员工最直接的参与权。进一步提升了员工的主人翁地位，推进了公司民主管理工作进程，激发了员工自觉参加企业文化建设的热情，使企业文化的作用在基层得到进一步落实。公司还不断创新管理模式，强调用多种形式的文化载体发挥企业文化建设在企业改革和发展中的功能和作用，开展“现场改善年”、“文化推进年”、“文化创新年”和“安全型、节约型、和谐型”为主要内容的“三型”班组创建等活动。这些活动的开展，夯实了基础工作，促进了基层建设，保证了企业的健康持续发展。

**六是创新主导，保证文化典型落地**。先进典型是先进文化的代表。发挥先进典型的引导和影响作用，是企业文化建设的重要作用。华峰的各类先进典型既是优秀员工的代表，也是企业文化理念的忠实践行者。坚持用先进典型传播企业文化，是企业文化建设的重要手段。多年来，华峰坚持以典型引路，开展评选“优秀员工”、“岗位标兵”、“优秀党员”、“明星班组”等活动，通过先进事迹报告会等形式，大力宣传代表先进企业文化的先进典型人物，使先进典型人物的人格魅力得到充分体现。同时还把先进典型的实际改编为企业文化案例故事编入《企业文化手册》并上载到公司内外部网站进行大力宣传，在集团上下营造并形成“比、学、赶、超”的良好氛围。为了加大对先进典型的宣传力度，公司除给予物质奖励外，还给他们以文化的体验与享受。每年组织获表彰的优秀员工进行“荣誉之旅”，以此提高先进员工的自豪感和光荣感，增强他们的文化影响力、感染力和主导力。

**七是创新思维，保证文化育人落地。**知识是文化的基础。未来企业之间的竞争，归根到底是知识的竞争、人才的竞争。华峰把人才建设作为企业发展的第一要素，坚持培养人、发展人、成就人的理念。过去，企业是泥腿子办厂，赶鸭子上架，缺少知识文化，自身素质不高。随着竞争形势的发展和企业规模的扩大，华峰人越来越感觉到知识和学习的重要性，提出了“学习成就未来，知识改变命运”的口号。积极构建“学习型企业”，并通过建立和实施“在岗学习、集中培训、知识管理”三大机制和“多渠道、多层次、多内容”的培养体系实现员工的成长成才。华峰先后成立了培训中心、华峰党（政）校，创建了华峰论坛、华峰讲坛等载体。同时，结合企业实际，充分发挥培训中心和企业党群组织的作用，建立内部培训师队伍。而且通过“请进来”和“走出去”组织了各种形式的学术报告会、专题讲座、座谈会，举办了高管培训班、管理团队培训班、成长训练营等活动对员工进行教育培训，不断提高员工的素质，造就了一大批高素质的实用性专门人才和拔尖创新人才。

20 年来，华峰凭借企业文化的渗透作用，把企业文化融入企业创新发展和经营管理中，实现了企业管理与企业文化价值观念的对接。使员工既有价值观的导向，又有制度化的规范，内化与固化相结合，文化与管理融一体，隐性与显性相融合，刚性约束与柔性导向优势互补，提升了员工对企业的认同感和归属感，实现了员工与企业的共同成长，推动了企业管理水平的不断提升和企业的可持续发展。

## 【专家点评】

### 民营企业文化建设大有可为

认真研读《企业文化是企业发展的生产力——华峰集团企业文化建设实

践》一文后，心灵受到感动，脑海里产生了一个强烈的感觉——民营企业文化建设大有可为、大有作为、大有前程。正如华峰人所说，过去，“企业是泥腿子办厂，赶鸭子上架”。现在，“华峰凭借企业文化的渗透作用，把企业文化融入企业创新发展和经营管理，实现了企业管理与企业文化价值观的对接，使员工既有价值观的导向，又有制度化的规范，内化与固化相结合，文化与管理相交融，隐性与显性相促进，刚性约束与柔性导向相补充，提升了员工对企业的认同感和归属感，实现了员工与企业的共同成长，推动了企业管理水平的不断提升和企业的可持续发展。”

华峰集团靠文化立企、靠文化兴企、靠文化强企。不仅企业文化理念提炼得新颖前卫，企业文化体系构建得丰富充实，而且企业文化建设务实求新，企业文化建设成效明显突出。相比而言，华峰集团企业文化建设既借鉴了国有企业文化建设的经验，又发挥了民营企业的优势，展示了自身的特色。其中有三个做法，尤其值得总结和推广。

第一、民营企业文化建设要在“共同”中凸“核心”。华峰集团推出了“四个共同”的理念，即“共同目标、共同创业、共同利益、共同发展”，并由此形成了企业的核心价值观。华峰人认为共同目标是方向，共同创业是基础，共同利益是纽带，共同发展是目的。这“四个共同”贯穿了华峰“以人为本，和谐发展”的一贯思想意识和价值观念。实践证明，思想上共识越多，就越会打下共同的思想基础；价值观上共鸣越强，就越会形成共同的行为趋向。这个共同的思想基础和共同的行为趋向在企业文化进一步交流、交融和交锋中就会提炼成企业的核心价值观。华峰提炼企业核心价值观的做法启示我们：首先，企业核心价值观是企业的方向、目标、本质和根基。其次，企业核心价值观是企业的共同思想基础和共同行为趋向。其三，企业核心价值观将长期稳定地发挥关键的、根本的导向和引领作用。

第二、民营企业文化建设要在“化”字下功夫。华峰人在企业文化建设中总结了建设“八种”文化的主要内涵，探索了实行“六化”的基本路途和方法。他们建设的“八种”文化是：共同遵循的制度文化、与时俱进的创新文化、质量至上的经营文化、安全第一的责任文化、环保优先的形象文化、永无止境的学习文化、人文关怀的人本文化和责任关怀的和谐文化。他们探索的“六化”路径和方法是：内化于心、外化于形、固化于制、强化于基、融化于情、同化于优。我们常说，企业文化的实质是人化，关键是化人。可见华峰探索的“六化”抓在了点子上，抓到了要害处，希望今后能多看到这方面具体的做法和效果。

第三、民营企业文化建设要在创新和扎根上求进展、见成效。华峰集团在推进企业文化建设中，提出把企业文化建设的重点放在“七个落地”上。就是创新载体，保证文化精神落地；创新观念，保证文化理念落地；创新文化体系，保证文化战略落地；创新机制，保证文化规范落地；创新管理，保证文化作用落地；创新主导，保证文化典型落地；创新思维，保证文化育人落地。这“七个落地”，其实是七个创新，推进七个落地。创新，首要的关键的是创新思维。思想解放了，思路打开了，其他创新就会跟上来，涌出来。“落地”其实是企业文化建设要工作到位，要扎根于人心，要变成员工的行动、行为和习惯。

感谢华峰集团企业文化建设开了个好头，带了个好头！

**点评专家**：中国文化管理学会企业文化管理专业委员会

理事长　研究员　　郑启清

## 【内蒙古大兴安岭北部原始林区森林管护局企业文化案例】

# 企业简介

内蒙古大兴安岭北部原始林区森林管护局于1999年1月6日经内蒙古大兴安岭林管局批准成立，所辖奇乾、乌玛、永安山三个未开发林业局（简称北三局），是我国唯一集中连片的最大的原始林区。

“北三局”是黑龙江的发源地。同时也是松嫩平原、呼伦贝尔草原的天然屏障。它以其不可替代的功能调节生态平衡。树种以兴安落叶松、樟子松为主，黑桦、白桦、山杨、柳树为辅。总面积947702公顷，活立木蓄积1.2亿立方米。北部原始林区有脊椎动物287种，属国家一级保护兽类有3种（原麝、紫貂和貂熊）、鸟类8种（金雕、细嘴松鸡、虎头海雕、丹顶鹤、东方白鹳、白尾海雕、黑鹳、白头鹤）；野生植物1025种，其中属国家二级重点保护植物3种（钻天柳、浮叶慈菇、野大豆）。生态功能区内有河流400余条。此外，该区域多种金属和非金属矿产资源丰富。

题记：人类只有一个地球。

世界只有一个大兴安岭。

回顾人类社会的发展历程，人与森林的关系经历了人类依赖和保护森林，大规模破坏森林，破坏、利用和培育森林并举，积极保护和培育森林四个阶段。人类在经历了对森林的破坏和索取之后，才真正认识到了森林是人类生存和经济社会可持续发展的基础，保护和发展森林资源就是保护和发展生产力，就是保护人类的文明。

# 一抹生态文明的亮色

## ——内蒙古大兴安岭北部原始林区森林管护局生态文化建设工作纪实

白向坤　学　择

自古以来，内蒙古大兴安岭就以松涛激荡的林海，蜿蜒秀美的河流，星罗棋布的湖泊而闻名于世，也构成了大兴安岭独特的生态系统。内蒙古大兴安岭林区作为内蒙古林业生态建设的主体，拥有10.6万平方公里的浩瀚林海，是全国最大的集中连片重点国有林区之一。它是中国东北平原的一道绿色屏障，是祖国北疆生态平衡的支柱，保护着呼伦贝尔大草原、松嫩平原、华北平原。它不仅是中国的、中华民族的，同时也是世界的、全人类的。

我国实施二期天保工程、《大小兴安岭生态保护与经济转型规划》、西部大开发战略和建设秀美山川的战略目标的同时，给林业的快速发展也带来了前所未有的机遇，更赋予了林业建设比以往任何一个历史时期都更为艰巨的任务。内蒙古大兴安岭人清醒地认识到，森林是陆地生态系统的主体，是我国经济社会可持续发展的基础，更是我国生态环境建设的主体。林业的发展，必须把改善生态环境作为林业建设的首要任务。而北部原始林区作为这浩瀚林海中的一颗璀璨“明珠”，不仅仅是维护林区生态发展的根基，更是大兴安岭实现可持续发展的关键所在。今天，当我们再次走进这片令人神往的美丽神奇的净土时，我们惊诧地发现：这里不仅有森林，更有着科学务实的发展思路和激情如火的壮志雄心。

多年来，内蒙古北部原始林区为实现大兴安岭生态功能区的美丽与发展，北部原始林区森林管护局坚持以生态建设为己任，以建立完备的生态体系为目标，用生态文化、生态道德、生态文明统领科学发展的全过程，推行森林健康理念，扎实推进北部原始林区的森林资源保护管理步入法制化、规范化、科学化轨道，切实担负起了北部原始林区的森林资源安全。他们以保护森林资源为发展之基，突出生态建设优先发展，开辟出一条“在保护中科学发展，在发展中科学保护”的林区特色生态之路，为祖国的北疆增添一道靓丽的风景。

## （一）松涛林密，巨大的天然“氧吧”

俯瞰这片原始森林，清晰地脉络跃然眼前。她所辖奇乾、乌玛、永安山三个未开发林业局，位于内蒙古大兴安岭北部西北坡、额尔古纳河下游，内蒙古自治区额尔古纳市境内。南与内蒙古莫尔道嘎、满归林业局接壤；西北以额尔古纳河与俄罗斯为界；东与黑龙江省漠河县毗邻，总面积 94.77 万公顷，活立木蓄积 1.2 亿立方米，是我国最大的、唯一的集中连片的原始林区。辖区内河流纵横交错，额尔古纳河是中俄两国的界河。阿巴河、乌玛河、恩和哈达河三大湿地，占内蒙古大兴安岭林区湿地面积的 2.4%。分别属于灌丛湿地、森林沼泽湿地、河流湿地等生态系统保护类型，是内蒙古大兴安岭林区保护最完好的原生的、完整的湿地生态系统之一，生态系统价值巨大。

据统计，整个北部原始林区 1 年能吸收 90.5 吨二氧化碳，释放 66.2 吨氧气，足够 8778.3 万人呼吸。另外，1 年可吸收尘埃 2.7−8.1 亿吨，吸收二氧化硫 64.8 万吨，能分泌 990 万吨杀菌素，比无林区多蓄水 2.7 亿吨。在维持生态平衡、保持生物多样性和珍稀物种资源以及涵养水源、蓄洪防旱、降解污染、调节气候、补充地下水、控制土壤侵蚀等方面均发挥了重要作用。

由于生态系统保护良好，野生动植物种类也极多。据统计，野生植物有 1025 种，属于国家二级保护植物的有 3 种；大型真菌已知 204 种；昆虫种类有 1046 种；脊椎动物 287 种，其中鸟类有 201 种。属于国家一级重点保护的兽类有 3 种，国家一级重点保护的鸟类有 8 种。同时，林下矿藏也异常丰富，很多地方以盛产砂金而闻名。

## （二）满腔热忱，守护心中的那片“净土”

如此得天独厚的地理环境和丰富的物产资源，自然成了非法捕猎、盗伐和采金人员觊觎的“宝地”。近年来，北部原始林区森林管护局对辖区实行“封闭式”管理，有力打击和震慑了非法入山人员的嚣张气焰，杜绝了人为引发火灾的隐患和破坏生态事故的发生。2008 年 6 月至 9 月，仅仅三个月的时间，在管护局领导班子的带领下，北部原始林区依法撤离 122 台套采金船，收缴采金设备 21 台套，驱散采金人员 149 人，抓捕 43 人，彻底将威胁原始林区生态安全的非法采金活动的顽疾根治，保护了北部原始林区这片绿色净土的安宁。

可以说，管护工作是一项枯燥乏味的事业。管护员们整年顶着酷暑、冒着严寒进山巡护，一年中要有一半儿的时间在深山腹地过着与世隔绝的生活，每天面对的只有静谧的山林，为了巡山，脚掌的血泡磨破了一层又一层，冻裂的伤疤坏了一处又一处，若不是身临其境谁又能体会得到那种难挨的疲惫和孤独。但从他们的嘴里却听不到一句怨言。用他们的话说“只有耐得住寂寞、经得起诱惑，才是一名合格的管护员”。其实他们也有年迈多病的父母，也有年幼懵懂的孩子，可他们只是默默地承担着。十年了，这里的每一个管护员也奔波忙碌了十年。他们十年如一日，以山为家，以林为伴，以苦为乐，以绿为荣，从炫舞枝头到回归大地，为了这片林海更加郁郁葱葱，将满腔的热忱融入大山的怀抱。他们就如一片片普普通通的绿叶，无私奉献着自己的一切，在祖国北方构筑起一道坚强的生态屏障。

## （三）烈火中谱写的英雄“赞歌”

茫茫林海，山高林密，这里是动植物的“乐园”，是人类赖以生存的“制氧基地”。但这样一片人间的圣土，却是雷击火的重灾区。由于北部原始林区地势突兀、箐谷幽深、植被茂密，给灭火作战带来了很大的困难。

然而这些困难难不倒扑火队员。当火灾发生时，无论是人迹罕至的密林深处，还是层林叠嶂的山野之中，哪里有火情，消防官兵就能及时出现在哪里……2002 年的“7 · 28”森林大火是我国历史上最大的一次雷击火，也是管护局森林消防大队成立以来最为惨烈的一次战役。当时过火面积近一万公顷，出动森警官兵和林业扑火队伍一万余人，历时二十四昼夜，才将林火扑灭。

在这次扑火战斗中，管护局森防大队始终冲锋在扑火最前沿，转战于各个火场，风餐露宿，攻坚克难，与火魔展开生与死的较量。有的队员手上磨出了串串血泡，脸被飞溅的火星一次次烫伤，可没有一个队员被困难吓倒，没有一个战士在火魔面前退缩，渴了他们就喝一口浑浊的溪水，饿了就嚼一口冰冷的馒头，然后继续投入到灭火战斗中。身旁不时有燃烧的树木卷着浓烟惊心动魄地倒下，队员们相互惦念着、提醒着战友的安全，浓浓的友情深深感染着每一个人。扑火期间有的队员父母病了，有的队员爱人要临产，托人捎信要他们回家照顾，可他们没有向组织提出回家的要求，把信往兜里一揣又开始了新的战斗。

正是他们这种舍小家、顾大家、公而忘私的高尚情操和在火场上所表现出来的英勇献身精神，使他们在肆虐的火魔面前铸起一道不可逾越的屏障，成为一把随时斩断森林火魔的利剑，经受住了一次次血与火、生与死的考验，练就成为一支英勇善战的扑火铁甲雄师。

### （四）密林深处永不消逝的“电波”

在信息时代快速发展的今天，微波通讯对于保护好这片绿色林海，确保扑火期间通讯畅通无阻，起到了至关重要的作用。

“7 · 28”火灾发生后，党中央、国务院高度重视，斥资 9970 万元对大兴安岭北部原始林区森林火灾预防、森林火灾扑救及森林管护三个系统基础设施进行了建设。成立微波站保证扑火时通讯畅通、加强防火瞭望，就是这三大系统当中的一个重要项目。

建设后的北部原始林区森林管护局，防扑火能力显著增强。目前，辖区内有防火瞭望塔 19 座，蓄水池 25 个，停机坪 25 个，设有临时机降点 33 个，微波通讯站共计 6 站 5 跳，全长 222.9 公里，C 网信号覆盖面积达到 20%，为扑救火灾的通讯畅通提供了保障。森林火灾瞭望覆盖率由原来的 16% 提高到 54%，提高 38 个百分点，闪电定位系统探测效率可达到 90%，森林火灾受害率由 3.19‰，可控制在 1‰以下，降低 2.19‰，定位精度在有效探测范围内可达到 1 公里，微波通信可覆盖该地区 100% 的瞭望塔和约 65% 施业区。对突发的森林火情能够做到早发现、早扑救，真正实现了“打早、打小、打了”。

自2006年微波站成立以来，值班人员登塔瞭望发现多起雷击火，并及时准确地向森防指挥中心汇报火情，由于发现及时、扑救得力使森林资源损失降至最低。

十年风雨沧桑，十年发展壮大。这片原始森林历经十年的休养生息又重新焕发神采。

当前，面向林业背景，面向生态建设，面向企业实际，加强生态文化建设工作显得尤为重要。北部原始林区森林管护局领导班子深深意识到，北部原始林区森林管护局已经站在科学发展的新起点上，肩负着生态建设神圣使命。要实现人与自然的和谐共生，协调发展，离不开生态文化的健康发展。相信在不远的将来，大兴安岭上的务林人多年信守的“团结向上、务实求真、勤劳质朴、乐于奉献”精神以及“登高远望、向往未来、诚实守信、充满活力、安定有序、自然和谐、协调发展、生活富裕”的美好愿景会随着以绿色为主的生态文化的深入人心和生态战略的深入实施，成为这片原始森林生态文明建设持续发展的不竭动力和源泉。

## 【专家点评】

### 特色生态之路的文化之魂

#### ——北部原始林区森林管护局企业文化建设简评

细细品读《一抹生态文明的亮色》题记中“人类只有一个地球。世界只有一个大兴安岭”格言式警语时，不禁使人陷入沉思，脑海中浮现出“原以为你是那么宽广，不在乎带走一片阴凉；原以为你是那么坚强，没想到你的眼泪在流。地球，我们唯一的家园，让我们爱你到地久天长！地球，我们的母亲，让我们尽情沐浴你的阳光”这一首环保歌曲，论文和歌曲带给人们的是更多的警醒，在人类对大自然进行了疯狂的掠夺后，还没有来得及体会胜利的喜悦，就迎来了大自然的报复。持续的干旱和暴雨，频频光顾的沙尘，污染的空气和海洋，不再蔚蓝的天空……恩格斯指出："我们不要过分陶醉于我们对自然界的胜利，对于每一次这样的胜利，自然界都报复了我们——我们必须时刻记住：我们统治自然界，决不会像征服者统治异民族一样，决不像站在自然界以外的人一样——相反，我们同我们的肉、血和头脑都是属于自然界，存在于自然界。"只有懂得尊重自然、尊重生命、尊重人类，才有可能实现人与自然和谐发展。

诚如北部原始林区森林管护局人所言，人类在经历了对森林的破坏和索取之后，才真正认识到了森林是人类生存和经济社会可持续发展的基础，保护和发展森林资源就是保护和发展生产力，就是保护人类的文明。生态文明的重要性和紧迫性毋庸赘言，但原始林区森林管护工作却实在是一项很单调的工作，人们几乎很少知道管护员们的艰辛，但从他们的嘴里却听不到一句怨言，用他们的话说"只有耐得住寂寞、经得起诱惑，才是一名合格的管护员"。

北部原始林区森林管护局坚持以生态建设为己任，以建立完备的生态体系为目标，用生态文化、生态道德、生态文明统领科学发展的全过程，推行森林健康理念，扎实推进北部原始林区的森林资源保护管理步入法制化、规范化、科学化轨道，切实担负起了北部原始林区的森林资源安全。他们以保护森林资源作为发展之基，突出生态建设优先发展，开辟出一条"在保护中科学发展，在发展中科学保护"的林区特色生态之路。我相信，大兴安岭务林人多年信守的"团结向上、务实求真、勤劳质朴、乐于奉献"精神以及"登高远望、向往未来、诚实守信、充满活力、安定有序、自然和谐、协调发展、生活富裕"的美好愿景会随着以绿色为主的生态文化的深入人心和生态战略的深入实施，成为这片原始森林生态文明建设持续发展的不竭动力和源泉。

"万类霜天竞自由"，人类作为生命体是与客观存在的万事万物相互依存的，包括与无机环境也是相互关联的，这种联系是一种动态的网络联系，是各种生命之线织成了这个生命之网。中国生态文化传统是以人们直接的生存经验为基础，通过对自然界客观规律的悟性体验，真切地把握了人类生存与自然界的有机联系，深刻地认识了人类只有维持与自然界的和谐共生关系，才有可能获得持久健康的生存。这种生态智慧对于现代人来说是弥足珍贵的生存法宝。

由于生态文化对整个人类社会可持续发展提供了前瞻性和指导性的新思路和新要求，其哲学意义也日益凸现，引发人们的深刻反思。内蒙古大兴安岭北部原始林区森林管护局关于用生态文化、生态道德、生态文明统领科学发展全过程，推行森林健康的生态文化理念，体现了人与自然和谐相处的丰富经验和深刻智慧。虽然他们开展的生态文化研究和实践还处于创建阶段，但足以为中国建设生态文明建设提供了可资借鉴的宝贵经验。

**点评专家：**中国文化管理学会常务理事

中国文化管理学会企业文化管理专业委员会副理事长

企业文化管理测评专家委员会主任、研究员　　解云天

**【首都机场集团公司企业文化案例】**

# 开创“内外结合，以我为主”的企业文化创新模式

## ——首都机场集团企业文化创新工作方法启示

黄 伟 郭 巍 苏 超 文飞飞

企业文化是企业的灵魂和精神支柱，是企业科学发展的内在动力，对于凝聚集团力量、树立集团形象、推动集团发展，发挥了重要作用。首都机场集团于 2009 年 8 月启动了企业文化创新工作，于 2010 年 3 月发布了新的企业文化体系，开启了企业文化建设的新篇。

通过企业文化创新，首都机场集团形成了“天地之道，大国之门”为主旨的企业文化新体系，得到广泛认可，更示范性地建立了一个低成本、高效能的“内外结合，以我为主”项目运作模式。该模式既有效地利用了外部智力资源，又充分地发挥了“内部人”在组织规划、信息获取、协调沟通等方面的优势，取长补短，统筹协作，实现了工作效能最大化和咨询成本最小化。因此，该案例不仅对企业文化咨询、创新具有指导意义，同时也对集团公司及其各成员单位与外部机构开展项目合作具有借鉴意义。

## 第一部分：企业文化创新的背景

发展中的首都机场集团需要创新的企业文化提供思想动力和行为规范。2009 年年中工作会上，首都机场集团公司党组决定启动企业文化创新工作。探究此次文化创新的动力，主要源于三个方面因素：

一是集团进入了全新的发展阶段。2009 年起，集团全面启动了战略转型工作，进入了全新的发展阶段。文化创新是战略转型的先导和助力，在战略转型过程中，企业文化需要与战略实现协同，从而引领集团实现科学、健康、

可持续发展。二是集团企业文化自身得到了丰富和发展。2006年以来，集团先后经历了T3扩建、T3转场、奥运保障、抗击雪灾震灾、国庆六十周年保障等一系列重大历史性事件，涌现出扩建精神、T3精神和T3管理理念等文化新元素。在这种背景下，有必要进一步系统地梳理集团的文化理念体系，在继承中发扬优秀的企业文化基因，将新的文化元素纳入企业文化体系当中，建立更加特色鲜明、符合实际的集团文化。三是历史契机赋予了神圣的使命。2008年6月25日，胡锦涛总书记视察首都机场时指出：首都机场是“中国第一国门”，首都机场的形象代表了国家的形象。时隔一年，民航局李家祥局长在首都机场大讲堂明确提出：“机场是国门，展示的是国家的形象。”在这样的背景下，集团被赋予了全新的、神圣的历史使命，有必要进一步创新企业文化，展现出勇于承担历史使命与社会责任的雄心壮志。

## 第二部分：企业文化创新的过程

首都机场集团企业文化创新工作自2009年8月启动，至2010年3月发布，前后历时七个月。为确保工作质量、加强组织领导，集团成立了企业文化建设领导小组，主要领导分别担任组长、副组长，其他领导和相关职能部门主要负责人为小组成员。领导小组下设办公室，负责企业文化建设与创新的日常工作。

### 一、统筹规划——井然有序，扎实推进

领导小组及办公室成立的同时，组建了企业文化创新课题组，分别从各成员单位抽调4名专职工作人员，负责企业文化创新工作。随后，课题组开展了大量的前期准备工作，制订了详尽的工作推进方案，并会晤多家外部咨询机构洽谈企业文化创新项目合作事宜。最终，确定中国企业文化研究会作为此项工作咨询合作方，与集团内文化创新课题组合并组成联合课题组，共同开展文化创新工作。2009年8月13日，首都机场集团企业文化创新项目正式启动。

## 二、调研诊断——“望闻问切”，科学评估

课题组首先从调研诊断着手，通过“望、闻、问、切”四种手段对首都机场集团现有企业文化建设情况进行诊断评估。首先是查阅资料，分别向 30 余个成员单位和 10 个职能部门征集各类工作总结、领导重要讲话、员工手册、企业内刊等 29 类关键性文件材料，最终收集、整理文本资料 400 余万字；其次是倾听意见建议，组建了 4 个调研小组，每组由外部专家和企业员工配搭组成，分别前往各成员单位召开员工座谈会，收集广大员工对企业文化建设的意见、建议；第三是进行深入访谈，先后与 88 名中高层管理人员及企业文化工作负责人开展个别访谈，有针对性地挖掘、评估企业文化建设的相关情况；四是通过调查问卷“把脉”，先后组织 2264 名员工参加问卷调查，通过数据分析把握企业文化脉络。

截至 2009 年 9 月底，课题组初步完成了调研诊断阶段的各项工作，获取了基础资料。为更好地把握和消化调研中所获取的信息，厘清首都机场集团的发展脉络和文化沿革，联合课题组进行了深入的学习交流和大量的分析研究，为准确把握首都机场集团的文化内涵和发展方向奠定了坚实的基础。

## 三、设计创新——上下联动，继往开来

设计创新过程中，课题组摒弃闭门造车的工作思路，除设计创新外，还在启发群智和沟通协调上下功夫。一方面，积极发动群众力量，广泛开展主题征文活动，征集各类设计方案、稿件 267 篇；另一方面，积极与集团领导和中高层管理人员交流沟通，汲取关键信息与领导智慧，多次在党组会上专题汇报研讨相关情况。

在研究诊断材料的基础上，课题组充分尊重相关领导的意见，吸收广大员工的建议，数易其稿，反复斟酌，并听取了有关专家的建议，最终在 2009 年 12 月底形成了企业文化创新的设计初稿。

## 四、修改完善——千锤百炼，精益求精

理念体系初稿形成后，集团党组决定将原则通过的《企业文化核心理念

（征求意见稿）》在全集团征求意见，部分条目内容让员工进行比选，具体采用了两种形式：一是委托成员单位征求员工意见，即通过成员单位征求班子成员及主要职能部门负责人的意见，同时召开 20 ～ 30 人规模的小型座谈会，听取员工代表的意见并现场进行问卷测评；二是在集团内网上设计了企业文化理念体系满意度调查网页，开展网上无记名测评工作。

征求意见活动得到了各成员单位和广大员工的大力支持，各单位均正式上报了归纳整理的意见，广大员工也积极参与。参与测评人数多达 6895 人次。

测评结果显示，广大员工对企业文化理念体系整体设计：认为“很好”和“好”的占 94.04%，认为“不错”和“还行”的占 5.32%，认为“不好”的占 0.64%。在具体条目中，对“文化主旨”、“核心价值观”的好评率都在 90% 以上。

### 五、确定发布——千呼万唤，众望所归

测评结果得出后，集团党组召开专题扩大会议，结合员工意见、建议，分析、研究企业文化理念体系内容，形成修订意见。随后，就修订后的理念体系征询民航局相关领导和职能部门的意见、建议，同时借助外部咨询机构，征询有关专家的意见。经过近一个月的反复斟酌、数易其稿，企业文化创新成果于 2010 年 1 月最终确定，在首都机场集团公司 2010 年度党建工作会上正式推出。

## 第三部分：企业文化体系创新的成果与效果

### 一、形成了内涵丰富、结构科学的创新成果

经过此次企业文化创新工作，首都机场集团形成了一套以“天地之道，大国之门”为统领，以愿景——“具有国际竞争力的机场集团”、使命——“倡行中国服务，展示国门形象”、核心价值观——“诚效知行，和谐共赢”、企业精神——“勇担重任，敢于创新，协同奋进”为基石的企业文化核心理念体系。该理念体系又与行为文化、视听文化共同搭建起了一套内涵丰富、结构科学、“一主多元”的企业文化体系架构，具体包含两层含义：

其一，以文化主旨“天地之道 大国之门”为统领，建立了结构完备、系统严谨的理念文化，提炼出新的愿景、使命、核心价值观和企业精神；形成了鲜明的行为文化，制订出简明扼要、导向清晰的员工共同行为准则和管理人员行为准则；丰富了视听文化内涵，重新诠释了企业标识，谱写了企业之歌。文化主旨作为理念文化、行为文化、视听文化的灵魂一以贯之。

其二，以集团文化为统领，统一文化主旨和标识，在强调整体协同、形象统一的基础上，允许成员单位结合行业特点、地域文化和历史传承，在集团文化的指引下设计彰显个性的子文化体系，兼顾了母文化的整体性和子文化的多样性，形成百花齐放、“形”散“神”聚的企业文化建设格局。

### 二、获得了集团上下、企业内外的一致好评

新的企业文化体系发布后，获得了集团上下和行业内外的一致好评，民航局李家祥局长亲笔题词：“天地之道，大国之门”；中纪委常委、监察部副部长屈万祥在到集团调研时，对集团文化大加赞扬，称该文化将“大有作为”；著名理论家、中宣部理论局原副局长贾春峰认为：“首都机场集团企业文化定位准确，内涵深厚，特色鲜明”；著名企业文化专家、中国企业文化研究会常务副理事长、秘书长孟凡驰认为：“首都机场集团企业文化实现了创新性提升，提升做法原创性很强，在全国企业文化建设中都具有示范性效用。”

## 第四部分：企业文化创新工作方法的突破

集团企业文化创新工作受到了民航局领导、业内外专家的高度评价，得到了集团上下五万名员工的广泛认同，这与本次企业文化创新过程中采取的工作方法是密不可分的。回顾此次企业文化创新的工作方法，主要在三个方面实现了突破：

**一是在思路方向上，继往开来，确立基本原则。**俗话说：“方向比努力更重要。”此次企业文化创新工作成功的关键在于启动之初确立了六项基本原则：

一是继承性原则——注意把集团业已形成的优秀企业文化基因、广大员工认同度较高的企业文化理念充分吸收继承；二是创新性原则——适应集团科

学发展的需要，结合近年来涌现出的新的企业文化元素，进行大胆地丰富创新；三是战略性原则——以集团战略为依据，充分体现战略导向；四是系统性原则——文化理念之间要具备内在逻辑关系，要形成完整的、系统的集团企业文化体系；五是差异性原则——设计既要符合企业经营管理实际又要充分彰显集团特色；六是可行性原则——既要努力探索可行的母子文化管控模式，又要简单明了，易懂易记，得到广大员工的认同和支持。

此六项基本原则的确立，有效地解决了文化创新过程中的三对关系，即母文化与子文化之间的关系、企业形象的个性与员工认同的共性之间的关系、历史继承性与时代创新性之间的关系。

**二是在工作方式上，内外结合，强调自主创新。**企业文化的设计与创新工作是一项阶段性工程，一般短则数月，长则几年。由于企业内部的专业人才与技术资源所限，文化创新过程中，一般主要依靠外部咨询机构来完成。然而，首都机场集团新的战略业已出台，文化创新势在必行。要想在短时间内设计出一套符合企业实际和发展规律的企业文化，单纯依靠传统的工作模式是难以实现的。因为，短时间内项目调研诊断的深度、广度和准确度上存在局限性，专家团队的学术思维难以与企业实际紧密结合，设计结果难免会与企业实际“貌合神离”。

为了解决这个问题，此次文化创新主要采取了“内外结合、以我为主”的工作方式：从部分成员企业抽调数名骨干，并聘请中国企业文化研究会的部分专家共同组成联合课题组，既不完全依靠外部咨询机构，也不单凭一己之力闭门造车。工作中，具体事务的组织、理念的提炼主要以集团抽调人员为主，外部专家负责提供流程设计、专业方法和数据分析等咨询服务。实践证明，这种工作模式实现了内外部资源、经验、技术的有机结合，利于在文化创新过程中充分体现企业实际，反映广大员工的诉求。

**三是在设计方法上，上下互动，发动全员参与。**企业文化不仅是企业组织的文化，更应该是企业全体员工认同并自觉践行的文化。此次首都机场集团企业文化创新过程中，并没有采取自上而下的简单“设计——宣贯”模式，而是采用“首脑引领、启发民智”的方法，既充分遵从了领导核心（集团党组）的主导要求，又充分尊重了广大员工的主体地位。

一方面，课题组充分贯彻了集团党组的战略构想和文化创新意图，先后进行集体专题汇报、研究讨论三次，部分人员讨论十余次，单独征询个别领导意见、建议数十次。期间，集团领导多次参加讨论，亲自参与项目研究，提出了大量建设性意见。集团公司及各成员单位中高层管理人员也主动打电话、提建议，有的还亲自上手写稿件，参与文化创新讨论。广大管理人员的踊跃参与，确保了企业文化创新思路的深度、高度和准确度。

另一方面，课题组通过全员参与和民主测评实现群策群力，有效降低了文化创新过程中的思想摩擦，提升了新企业文化的认同度。为调动全员参与企业文化创新工作的积极性，充分汲取广大员工的智慧，课题组在《首都机场报》开设了“企业文化大家谈”、“我来设计企业文化”等专栏，并在集团政务网设置企业文化建设专题，开设《大家谈》、《理论视点》、《他山之石》等6个专栏，滚动刊发相关资料和稿件。活动开展以来，先后征集稿件267篇，刊发专栏11期，刊载各类文章87篇。在企业文化创新过程中，有近10000名员工通过网络、问卷、征文、座谈等形式参与其中，参与度之高前所未有，对于企业文化的推广与认同也发挥了积极的推动作用。

本次企业文化创新的成功，得益于创新过程中在思路方向、工作方式和设计方法上的大胆突破，特别是“内外结合、以我为主”的工作方式，实现了集团借助外部智力资源，开展咨询项目的工作新模式，对集团公司“引入外脑、为我所用”，低成本、高回报地开展咨询项目具有积极的指导意义和推广意义。

## 【专家点评】

### 模式创新源于文化自觉　方法创新源于文化自信

### ——首都机场集团企业文化建设案例简评

首都机场集团公司主要业务涉及机场管理、机场建设、投融资、酒店旅业和服务保障等领域，拥有全国最多的机场，其中首都国际机场也是国内最大、最繁忙的机场。首都机场集团承载的不仅是经济、政治责任，同时还担当着文化使命。胡锦涛总书记视察首都机场时指出：首都机场是“中国第一国门”，首都机场的形象代表了国家的形象。发展中的首都机场集团，通过企业文化创新，形成了“天地之道，大国之门”为主旨的企业文化新体系，建立了一个低成本、高效能的“内外结合，以我为主”项目运作模式。具有中国文化风格和民族气魄的优秀企业文化。

## 文化自觉形成模式创新

在推进企业文化建设过程中，必须高度重视文化自觉的养成和锤炼，要把文化自觉当做一种目标、一种责任、一种境界，更加自觉、更加主动地推动企业文化大发展大繁荣。注重文化模式创新是文化自觉的必然要求和重要特征，首都机场集团把文化模式创新作为企业文化建设的突破点，通过模式创新促进企业文化发展，形成了一套以“天地之道，大国之门”为统领，以“具有国际竞争力的机场集团”为愿景，以“倡行中国服务，展示国门形象”为使命，以“勇担重任，敢于创新，协同奋进”为企业精神，以“诚效知行，和谐共赢”核心价值观为基石的企业文化核心理念体系，构建起了一套内涵丰富的企业文化体系架构。

首都机场集团的成功经验告诉我们，在全球化竞争和科学技术日新月异的今天，中国企业只有不断增强文化自觉，通过转变原有发展观念，创新传统发展模式，提高产品技术含量，增强自主创新能力，才能提高核心竞争力，进而提升在国际市场中的地位和影响。

## 文化自信推进方法创新

一个企业，有多高的境界，就能思考多深的问题；有多宽的眼界，就能运筹多大的谋略；有多高的追求，就能取得多大的收获。企业文化总是深深打着“一把手”的思想烙印，主要领导的文化自信往往决定企业文化建设可能达到的水平。

为了应对市场不断变化的环境，学习已成为企业生存发展的源泉和动力。正如阿里·德赫斯所说："唯一持久的竞争优势，或许是具备比你的竞争对手学习得更快的能力。"这一理念已被首都机场集团公司的企业文化创建实践所证实。首都机场集团主要在三个方面实现了企业文化创新方法的突破：一是在思路方向上，继往开来，确立基本原则。二是在工作方式上，内外结合，强调自主创新。三是在设计方法上，上下互动，发动全员参与。

那么，如何让员工广泛参与企业文化建设呢？首都机场集团企业文化创新模式是一种可以选择的有效做法。他们持续开展的企业文化创新工作受到了民航局领导、业内外专家的高度评价，得到了集团上下五万名员工的广泛认同。如果一个企业共同价值观的形成，是全体职工的深度参与和彼此碰撞激荡而逐渐形成的，那么这个企业的共识则是凝聚而稳定的。

## 文化自强成就企业自强

企业在成长和发展过程中，面对企业内部环境的发展变化和企业外部激烈的市场竞争环境，必然会根据企业自身经营特点和企业战略来选择企业战略，以保证自己处于有利的竞争地位并具备较强的竞争优势。但是，企业要想实现可持续发展，在长期而激烈的市场竞争中，始终处于有利地位，拥有持久稳定的竞争优势，必须培育、形成和保持企业核心竞争力。它既是企业短期内在一定行业、一定领域获得竞争优势的保障，又是企业在长期的生产经营过程中保持稳定持久竞争优势的保障。

首都机场集团低成本、高效能的"内外结合，以我为主"项目运作模式，既有效地利用了外部智力资源，又充分地发挥了"内部人"在组织规划、信息获取、协调沟通等方面的优势，实现了工作效能最大化和咨询成本最小化。按照首都机场集团公司发展战略：到 2015 年，北京首都国际机场将建设成为大型国际枢纽机场，成员机场将建设成为国内各层级的领先机场，首都机场集团公司将打造成为具有国际竞争力的机场管理集团；"以机场管理、机场服务保障和机场建设为主业，以临空产业为辅助"的发展战略，是首都机场集团公司未来发展的重要行动纲领。

创新文化的根本目的是为了解放和发展文化生产力，关键是调动和激发人的积极性、主动性和创造性，其实质是思想的大解放。那么，如何培育企业的自主创新能力呢？一是要以高度的文化自觉和文化自信不断更新观念，加强创新文化建设，强化企业自主创新的主体意识。二是要建立以企业为主体，市场为导向的自主创新体系。三是要注重培育创新型人才，为自主创新提供人才保障。

面向未来，首都机场集团公司坚持以“倡行中国服务、展示国门形象”为企业使命，秉承“诚效知行、和谐共赢”的核心价值观，努力建设成为“具有国际竞争力的机场集团”。在这个过程中，企业文化创新模式将为实现企业战略目标营造良好的文化氛围，发挥不可替代的重要作用。

综上所述，《开创“内外结合，以我为主”的企业文化创新模式——首都机场集团企业文化创新工作方法启示》一文的突出亮点：一是敏锐的文化意识；二是深刻的文化内涵；三是超前的文化理念；四是可操作性强的构建策略。在众多企业文化章疏中独具风采，为我国企业文化建设增添了具有示范意义的创新模式。

**点评专家：**中国文化管理学会常务理事

中国文化管理学会企业文化管理专业委员会副理事长

企业文化管理测评专家委员会主任、研究员　　解云天

## 【沈阳恒信国有资产经营有限公司企业文化案例】

## 企业简介

沈阳恒信国有资产经营有限公司是经沈阳市人民政府国有资产监督管理委员会授权设立的国有独资公司，成立于2002年4月，注册资本100亿元人民币。公司主要职能为受政府委托从事授权国有资产监管和国有资本运营。

公司现为沈阳市最重要的政府投融资机构，也是沈阳市最重要的国企不良债权处置机构，承担全市国企不良债权维护服务职能。此外，还自主开展产业投资、商业债权处置、土地整理、房地产开发等业务，公司具备市级土地开发整理职能，为沈阳国资系统唯一授权土地整理单位。

随着沈阳经济区上升为国家战略，承载着“经营沈阳”历史使命的恒信公司将继续着力推进经济结构优化，推进经营方式转变，向着集市场化、证券化、多元化为一体的大型国有资本运营集团阔步迈进。

# 坚持四个结合　打造特色文化

李建伟

企业文化凝聚着企业精神，激励着企业发展，是企业核心竞争力的重要内容，也是组织健康成长的有效载体。自组建以来，沈阳恒信国有资产经营有限公司（简称恒信公司）按照“以文立业、以文兴企、以文化人”的总体目标，坚持从企业实际出发，着力构建符合时代要求、积极向上、独具特色的企业文化体系。经过十年积极探索，建立了以“恒信之源”为标志的企业文化体系，打开了由传统管理向文化管理跃升的大门，使文化真正成为企业实现可持续发展的不竭动力。总结恒信文化创建历程，主要体现出了以下基本特色，具体可表述为“四个结合”：

## 一、文化建设坚持与经营战略紧密结合

企业文化的核心是经营文化，建设企业文化首先要抓住经营文化的实质，离开经营这个主体，企业文化就失去了灵魂。几年来，围绕实现经营战略这个中心目标，公司不断调整和创新文化创建工作思路，提出并实施了多项文化创建举措，始终保证文化建设没有偏离企业转型期发展战略这一轴心，始终坚持文化建设服务于企业发展战略这一中心任务，使文化力真正成为推动企业发展的原动力，不仅促进了经营战略的顺利实施，而且促进了文化建设层面的逐步提升。

2004 年，恒信公司从财政系统脱离并入国资系统，针对变革期大量优质资源剥离，员工队伍流失，债务负担沉重的严峻形势，公司领导班子审时度势，提出了以“健康”（即组织机理和员工身心共同健康）为主线的企业文化建设新思路，将“人本”理念导入文化建设，顺应了变革期“调整、理顺、稳定、发展”的主导战略，很快就稳定了队伍，凝聚了人心，形成了一心一意谋发展，团结协作求和谐的良好局面。

2005 年后，随着国企改革的不断深化，建设全市国有资本运营中心成为指导发展的新战略，公司又适时推出了以“四个四”和创建“六个一流”为主要内容的经营理念体系，大力弘扬开拓创新精神，鼓励各单位及全体员工面向市场，争创一流工作业绩，使公司迅速迎来了一个又好又快的发展时期，更使得 2005 ~ 2009 年成为恒信物质文明和精神文明双丰收的“黄金五年”。

2009 年以来，面对深化国有资产管理体制改革的新形势，公司把握机遇，着手全面推进市场化运营转型。针对员工在转型期产生的“恒信是谁？恒信向何处去”的困惑，通过一系列的文化整合工作，提出了以“沈阳恒信 经营沈阳”这一使命和“建睿智高效组织 创同享共荣伟业”这一愿景为核心的系统完备的理念体系，使员工找到了转型发展的使命所在，明确了同享共荣的发展目标，为全面推进市场化运营战略提供了坚强保障。

## 二、文化建设坚持与品牌建设紧密结合

恒信公司是一家国有资产经营公司，一无实物产品，二无直接面对消费者的服务，与传统企业迥异的资本运营型企业经营模式，使打造出具有恒信特色的品牌形象成为一大难题。经过长时间的系统调研分析，公司领导班子发现：品牌代表着企业形象，是企业文化的一种外在表现。依据这个原理，公司确立了以“文化育品牌”的工作思路，以品牌建设为文化创建工作的重要载体，通过组织员工联谊会，举办图片展、摄影展，承办“恒信杯”乒乓球赛、羽毛球赛、篮球赛，参加区、市乃至全国范围的职工排球赛等主题实践活动，从内部深植和外部传播两个角度，大力宣讲传播恒信文化，形成了一批具有恒信特色的品牌文化活动，提高社会公众对恒信文化的认知度。同时，公司还在文化主题实践活动中创造性地运用理念导入方式，赋予员工工作、生活浓厚的文化氛围，使员工通过参与文化创新活动促进人生观、价值观从个人享受向共同快乐转变，恒信团队品牌价值也得以稳步提升。

经过几年不懈努力，目前，特色鲜明的“恒信之源”文化品牌在系统内、行业内、地域内都有了一定的知名度和美誉度，很多政府组织、企业通过恒信文化认识了恒信企业，感受到了恒信企业精神和团队战斗力，恒信文化成为了公司对外展示形象的靓丽名片，并已在市场化运营工作中发挥出了巨大的推动作用。

## 三、文化建设坚持与团队建设紧密结合

实施文化创建工作以来，公司注意将“人本”理念渗透到管理行为的各个方面，以文化为主导改进管理方式，每年都结合文化创建活动推出很多关爱员工的实际举措。从定期举办总经理与一般员工恳谈会，到修改加班休假制度；从解决员工学习培训费用，鼓励员工自主学习、终身学习，到积极组织课题攻关，五年内三次获省级企业管理进步一等奖，从衣食住行到学习教育各方面悉心呵护员工成长，使企业管理的主体——全体恒信人，第一次明确成为企业管理的出发点和归宿，广大员工的主人翁意识被逐渐激发了出来。

在今天的恒信公司，“创先争优”的意识已经深入人心并形成了氛围，展示才识、才干与才艺的做法已经汇成了潮流，团结、紧张、敬业、进取的风气体现在恒信人日常工作的方方面面。目前，恒信公司94%的员工拥有本科以上学历，四分之一的员工拥有高级或注册职称，高素质、强能力的恒信团队已成为沈阳市政府投融资工作、国有资本运营工作的领头羊，成为服务国企改革，支撑地方经济发展的先行军。

此外，在文化创建工作中，恒信公司始终坚持文化创建“全员参与”原则，注重通过文化实践挖掘表现全体恒信人对人生、对工作、对生活的感悟。如，“恒信之源”理念体系包含的16条理念全部从员工中征集产生，每一条都原汁原味地来自于恒信人的工作与生活。使文化创建工作始终得到广大员工的热情支持和积极参与，实现了企业文化“从员工中来，到员工中去”的根本目标，文化建设与团队建设相得益彰，共同成长。

## 四、文化建设坚持与管理创新紧密结合

企业文化既来源于管理创新，同时又对管理创新发挥能动作用。在文化建设中，恒信公司始终把握与管理创新密切结合这一基本要求，使文化创建工作一直保持着高度的创新色彩。如2004年并入国资系统后，公司就有针对性地两次修订了《员工手册》，对管理制度体系做了三次调整，剔除了一些缺乏时代特色，刻板生硬的管理条文，取而代之的是符合和谐企业建设新思路，容易被员工理解与接受的管理规范和管理流程，使大量软管理手段进入了企业管理的中心环节，并最终经过实践与整合，形成了一整套以激励措施为主，软硬管理协调统一的企业管理新机制，推动管理模式从“用人为本”的管理控制型向“以人为本”的价值驱动型转变，营造出了管理机制与员工需求高度和谐，员工个人和恒信共同发展的良好氛围。

此外，在文化理念体系的搭建中，将三个理念系统分别冠以“立业之源、兴企之源和人本之源”的称号，突出了整个理念体系的系统性和完整性，呼应了“恒信之源”的文化主题；在行为体系的搭建中，根据企业组织性质和业务特点，增加了“健康行为规范”这一顺应低碳、环保发展理念的创新内容；

在制度体系搭建中，开创性地编制了企业文化管理制度，对文化管理工作的岗位职责、业务流程、激励措施等首次做了规范性约束，为传播和深植沈阳恒信文化创造了新的方式与途径。

“问渠哪得清如许，为有源头活水来。”通过打造特色鲜明的恒信文化，不仅增强了团队的凝聚力和创造力，而且使企业的软、硬环境得到极大改善。恒信公司整体经济规模和资产质量连年跃升，多年保持跨越式增长的强劲势头，企业已经由一个传统的计统式国资管理机构，发展成为了具有较强经济实力的沈阳市国有资本运营中心，政府投融资中心和国企不良资产维护服务中心。公司先后被沈阳市委、沈阳市政府授予“文明单位”，被沈阳市总工会授予“模范职工之家”称号；公司党支部也分别于 2006 年被市委评为“先进党支部”，2009 年被辽宁省委评为“先进基层党组织”。2011 年，恒信公司被中国文化管理学会授予“中国企业文化建设优秀单位”称号。

## 【专家点评】

### 恒信公司在文化建设中跃升

李建伟同志撰写的《坚持四个结合　打造特色文化》是篇好文章，从中看出沈阳恒信国有资产经营有限公司是抓文化建设的好单位。说其好，原由有三。

其一，既讲了文化建设的基本方法，又讲了文化建设的主要内容。文章在介绍恒信公司推进文化建设的“四个结合”中，重点叙述了抓经营战略，抓品牌建设，抓团队建设，抓管理创新的情况。其中恒信总体目标——“以文立业、以文兴企、以文化人”，恒信使命——“沈阳恒信，经营沈阳”，恒信愿望——“建睿智高效组织，创同享共荣伟业”，恒信风气——“团结、紧张、敬业、进取”等等，尤其使人印象深刻，感到很有文化味，本土气。

其二，既讲了文化建设的过程，又讲了文化建设的进展、进步和效果。例如，恒信公司有针对性地两次修订了《员工手册》，三次调整了管理制度体系，形成了一整套以激励措施为主，软硬管理协调统一的企业管理新机制。这些营造出管理机制与员工需求高度和谐、员工个人和公司共同发展的良好氛围。又如，恒信公司针对一无实物产品、二无直接面对的消费者等难题，把品牌文化建设作为桥梁纽带，通过组织员工联谊会，举办图片展、摄影展，承办“恒信杯”乒乓球赛、羽毛球赛、篮球赛，参加区、市乃至全国范围的职工排球赛等活动，从内部深植和外部传播两个渠道，大力传播恒信文化，使社会、客户、市场通过恒信文化认识了恒信公司，有效地提升了恒信公司的知名度、美誉度。

其三，既讲了文化建设，又讲了文化的地位、作用和意义。恒信公司十分注意将“人本”理念渗透到管理的各个方面，将“人文关怀”导入到领导和服务的行为之中。例如，从定期举行总经理与员工恳谈会到修改加班休假制度；从解决员工学习培训费用到激励员工终身学习、自学成才；从关心员工衣食住行到开展“创先争优”，积极打造国有资本运营工作的领头羊、支持地方经济发展的先行军。又如，文化建设使恒信公司迅速迎来了一个又好又快的发展时期，更使得2005–2009年成为恒信物质文明和精神文明双丰收的“黄金五年”。文化建设为经济建设增添了腾飞的翅膀。恒信公司整体经济规模和资产质量连年跃升，多年保持跨越式增长的强劲势头，公司已经由一个传统的计统式国资管理机构，发展成为具有较强经济实力的沈阳市国有资本运营中心、政府投融资中心和国企不良资产维护服务中心。

“问渠哪得清如许，为有源头活水来。”这个“源头活水”是什么？恒信公司的实践和事实证明，这个“源头活水”就是文化和文化建设，恒信公司的“四个结合”也可以理解为“四个靠”和“四个源”。公司靠文化定方向、立愿景，文化建设是公司制定战略、提出思路的灵魂之源、精神之源；公司靠文化闯天下、占市场，文化建设是公司树形象、建威信的无形资产之源；公司靠文化抓管理、带队伍，文化建设是公司凝心聚力的智力之源；公司靠文化提发展、强事业，文化建设是公司“跃升”、“跨越”力量之源。恒信公司在文化建设中，继提出“以文立业、以文兴企、以文化人”的总目标后，又补充完善了“立业之源、兴企之源、人本之源”的理念，并且确立了“恒信之源”的文化主题。我认为，这是恒信公司文化建设认识上的深入，理论上的升华，实践上的升级，是一大亮点。

祝福“恒信之源”源远流长。

**点评专家：**中国文化管理学会企业文化管理专业委员会

理事长　研究员　　　　　　　　　　　　　　　　　　郑启清

## 【苏州书香门第酒店投资管理有限公司企业文化案例】

# 品牌与文化的完美结合

## ——书香文化主题酒店品牌文化建设实例

### 一、一个以文化为主题的品牌酒店

邂逅江南，浸润书香。

寻一处灯火阑珊，泊一夜姑苏客船。

书香主题酒店广告词诠释了一种淡雅、宁静的诗画意境。

书香文化主题酒店，集传统与现代、古典与时尚、婉约与华贵为一体，以2500年绵延深厚的吴文化为底蕴，融入了苏州古典园林和建筑之古韵遗风，倡导“体验生活，品味文化”的现代生活理念，借鉴国际主题酒店的经营理念，以“斯是陋室、惟吾德馨”为境界，融入“恬淡中和、翰墨飘香”的苏州人文精神，是繁华都市中宁静致远的一方净土。

书香酒店集团拥有高星级的“书香世家会所酒店”和中低端的“书香门第商务酒店”、“书香人家青年旅舍”三大品牌。现有近20家门店，遍布江南地区。

“诗礼之家，书香传世。”未来5年，书香品牌将完成在泛长三角地区发展百家连锁酒店的战略布点，一个以IPO上市为战略目标的最富民族文化特色的主题酒店连锁品牌，闪烁着夺目的光辉，成为一颗冉冉升起的新星！

### 二、书香品牌的形成和价值

2003年8月，由极富酒店管理经验的优秀管理团队创立书香文化主题酒店。公司汇集了管理国际涉外酒店职业经理人队伍的精英。

近年来，在“苏州市十大青年创业先锋”朱巍总经理率领下，公司管理团队成功托管了近三十家三星、四星级酒店，积累了丰富的酒店管理经验，积聚了丰富的客户资源，形成了自己独特的经营理念和经营特色。

2010 年 5 月，中国 500 强企业——苏州创元投资发展（集团）有限公司成为公司控股股东，与公司管理团队共同携手，完成了公司的集团化重组，为书香主题酒店可持续发展提供了保障。

2011 年 9 月，在书香主题酒店“十二五”发展规划的旗帜下，国内最具规模的文化产业投资基金加盟书香集团。

依靠书香品牌的力量，8 年来公司资产规模增长了 20 多倍，年均增长率超过 200%。

## 三、书香品牌的魅力

书香主题酒店的品牌特征是：美境、美居、美食、美德。

美境：文化渲染，科技智能，绿色环保。

美居：优雅精致，温馨舒适，安逸洁净。

美食：特色佳肴，创新艺术，中西荟萃。

美德：仁德为本，知书达理，优雅谦恭。

“书香”来源于博大精深的华夏文明，植根于中国文人文化的清逸、优雅。

“书香”的灵感源自宅园合一的苏州古典园林，可赏、可游、可居。

“书香”追求的是营造身心愉悦、诗情画意的起居空间，呈现身心合一的和谐之美。

“书香”的奢华是一种意境，摒弃熙攘都市带来的浮躁，让宾客感受世外桃源的境界。

书香世家会所酒店的优雅精致、温馨舒适，书香门第商务酒店的简约不凡、怡然自得，书香人家青年旅舍的自由随性、自在随心，浸润着书香的文化魅力。

2007 年 6 月出版的《中国品牌实践案例》收录了酒店业唯一的品牌案例：“主题型商务酒店的品牌发展之路”。国务院研究室唐元司长、中国企业文化研究会副理事长王成荣教授作了“书香门第的文化魅力”的精彩点评。

点评指出：“书香门第”品牌运作的成功，首先是善于挖掘和运用有着2500年历史的苏州的文化资源，并把自己植根于这块肥沃的文化土壤之中；“书香门第”品牌运作的成功，还在于有准确的品牌定位，抓住市场缝隙，创造文化主题，从建筑装潢、功能设置到美食佳肴等产品设计都凸现文化特色；“书香门第”非常注重软性服务，把苏州人特有的温柔、细腻融入对客服务中，让客人感受到员工发自内心的微笑，感受到家的温馨，以及吴侬软语的甜蜜，从中体会到“书香门第”的特色和魅力。这正是“书香门第”真正的文化魅力所在。

## 四、书香品牌的构成

品牌是一种标识，一种符号。书香LOGO图形创意源于苏州2500年历史文化所形成的建筑特色及文化元素。它是打开的一扇门，又是翻开的一本书，也是古宅的一片瓦，与外圆组合成为园林花窗的缩影，是传统文化与现代文明的完美结合，为广大宾客所认知、认可。

注册商标是品牌的法律保障，已注册的12个商标成为企业的自主知识产权；16家连锁酒店被特许有偿使用书香商标。

品牌是一种资质，“书香主题酒店”被政府命名为“苏州市知名字号”，被政府相关部门授予“苏州市服务质量奖”、“江苏服务业名牌”。“书香世家”商标及图被两级政府分别认定为“苏州市知名商标”和“江苏省著名商标”。

品牌是一种口碑，经第三方权威机构评定，书香的宾客满意率高于全国行业平均水平，书香品牌美誉度已被市场广泛认同。

品牌是核心竞争力，书香的市场占有率正在随着全国战略布点日益扩大。

书香主题酒店已成长为著名服务品牌，是业内公认的创新品牌，它赢得了“亚洲品牌创新奖”以及“世界酒店联盟·最具发展价值酒店连锁品牌”等国际大奖。

## 五、书香品牌的塑造

一是实施战略品牌管理。这是实现书香愿景“诗礼之家，书香传世”的重大举措。打造百年名店，必须从战略管理角度抓品牌塑造。在争创“中国驰名商标”的战略目标下，彰显品牌特征，加大品牌推广，建立品牌系统，强化品牌责任。

二是提供可靠、惊喜的服务。服务品牌的内涵是服务文化理念。书香服务理念是：让宾客由欢欣到惊喜。保证基本服务，重视服务设计，令顾客吃惊，提倡协同工作，完善支撑体系成为五大保障性要素。

三是造就知书达理的书香人队伍。在书香使命“明德为馨，知书达理，臻于至善，卓尔不凡”的感召下，书香靠自己的团队造就了一个品牌，团队靠自已的领军人物——2005 年中国自主创新品牌建设行业年度新闻人物、苏州市青年十大创业先锋——总经理朱巍，靠一大批如中国烹饪大师潘小敏、全国五一巾帼标兵邱秀兰、央视婚庆设计大赛亚军刘超群、央视炒饭超人大赛冠军严立盛，还有获得 2011 中国国际旅游服装服饰赛博会金奖的书香服饰队等精英，支撑并弘扬书香品牌。

书香正在快速完善人才培育机制和培训体系，组建讲师团，创建书香酒店管理学院；通过人才梯队建设，设计员工职业生涯规划，建立统一的绩效考评机制，使人才成为书香发展的核心竞争力。

## 六、品牌是企业文化的凝聚与体现

品牌是企业文化的凝结与体现，品牌差异化的重要因素就是文化。品牌是一个企业深厚文化内涵孕育出来的成果。

企业文化是精神、道德的纽带，起着增强企业凝聚力、粘合力、吸引力的作用。企业文化是企业进步的内在动力，是企业品牌的重要支撑。企业文化最终决定了企业品牌的形成和壮大。

恬淡中和、知书达理的苏州人文精神，优雅、精致的生活方式，恰与书香主题酒店所倡导的核心价值观相通。书香主题酒店顺其自然以吴文化为主题，以“四美”为酒店形象标准，以“书香、茶香、食香、薰香、花香”为产品服务特色，打造具有差异化、独特性、文化味和亲和力的最富民族文化特色的主题酒店。

书香主题酒店的建筑和装饰风格，整体给人的感觉好似旧时中国传统的私家宅第，古色古香，高雅而不显赫。叠山理水造景，亭、台、廊、轩点缀，字画楹联点睛，花窗、雕刻为饰，明、清传统家具以陈，青、白、灰为底而又七彩相间，或古典、或时尚、或华丽、或婉约，融入苏州古典园林及建筑的工艺和意境，为宾客营造一个精致温雅、诗情画意的起居空间。

书香主题酒店融文化主题于经营、服务之中，除了提供一般商务酒店的常规服务外，其特色服务产品以演绎“五香”中国文人的精致生活方式为特点，书香、茶香、食香、薰香、花香是为“五香”。

书吧客房，墨香点点，沁润心灵。无论是藏书颇丰的书吧还是配置了书籍、读物的客房，在书香总能体会到红袖添香夜读书的雅趣，随处可见的现代书画家的字画楹联也可为宾客平添雅兴。

四季迎客，茶香逸逸，怡然微醺。书香与众不同之处还在于对中国国粹茶文化的演绎，以茶为媒，以茶会友，以茶款客，以茶留客，客到有欢迎茶，下午有下午茶，餐前有餐前茶。春夏有花茶、绿茶，秋冬有乌龙茶、红茶，养生有白茶、普洱茶，还有茶点、茶食、茶宴、茶文化节。到书香则是茶餐厅。

江南食府，食香滋滋，珍馐佳肴。书香的主打品牌书香世家还尤重餐饮美食，以食不厌精，脍不厌细为特点的食文化是江南文化的重要组成部分，书香美食以包括淮扬菜、苏帮菜、杭帮菜在内的江南菜系为基础，融粤菜、地方菜于一体，形成了四时分明、用料讲究、精工细作、色香味俱全的鲜明特色，书香餐厅是为江南食府，所谓浸润江封解醉侯，荟萃百味有奇香。

厅堂居室，熏香缕缕，优雅萦绕。书香酒店香炉点燃，袅袅暗香烘托厅堂居室的雅韵，让人神清气定、怡然舒畅，消除疲劳、缓解压力。围炉熏香，剪灯夜话，呈现古代士大夫充满情致的生活场景。

亭台楼阁，花香脉脉，清幽芬芳。书香酒店以花卉装扮环境、美化厅堂与庭院，芬芳悠浮，令人心旷神怡。中国文人自古喜爱养花、赏花、颂花，赋予花人格魅力，追求艺术欣赏、陶冶情操的境界。

## 七、书香企业文化体系

书香主题酒店不仅有自己独特的企业文化，而且已形成一套行之有效的企业文化管理体系和应用方法。包括建立了比较完善的企业文化管理的组织网络，工作机制，基于企业文化理念的制度体系，卓有成效的宣贯培训，丰富多彩的主题活动，以企业文化为导向的薪酬和绩效考核体系，强有力的企业文化传播平台等。企业文化建设作为书香未来发展的核心策略之一，必将对书香发展，品牌塑造，书香个性与特色的形成起到越来越大的作用。

八年来，在全体书香人的共同努力下，按精神文化、行为文化、形式文化三层论模式完成了书香企业文化体系的构建。

**第一层面是精神文化，即企业核心价值理念。**

“构化于根”、“内化于心”是企业文化建设的目标。“根”就是继承发扬+创新模仿；“心”就是共同的价值观。企业文化是在企业目标、企业价值观、企业精神、企业经营理念等企业主流文化成形后，化为每个员工心中共同认可的价值观。

企业文化理念是企业的核心价值观，也是企业文化的有形载体。

书香的愿景是：诗礼之家，书香传世。诗礼并重的书香文化是对中国文化的传承和演绎。书香主题酒店致力于成为独具特色、格调非凡、可持续发展的酒店品牌。

书香的核心价值是：明德为馨，知书达理，臻于至善，卓尔不凡。书香人致力于创造仁德为本的成功企业；以谦恭殷勤的服务态度和娴熟高超的专业水准，让宾客感受书香的优雅与温馨；以精益求精的态度，致力于打造完美书香品质。建立在宾客满意、企业可持续发展、员工的精彩人生基础上的卓越，是书香主题酒店永无止境的追求。

书香的服务理念是：让宾客由欢欣到惊喜。由欢欣到惊喜，是完美的服务过程，最终赢得顾客挚友般的忠诚。有朋自远方来，不亦乐乎！乐人亦乐己，实现和谐愉快的服务全程。

**第二层面是行为文化，即制度建设和行为规范。**

“固化于制”、“外化于行”是企业文化建设的落脚点。企业文化的本质不在于知，而在于行；其验证不在于内容，而在于实践。“固化于制”、“外化于行”就是用制度、机制来反映文化理念，将已取得的文化建设成果用规章、制度固定下来，使员工既有价值观的导向，又有制度化的行为规范。

书香集团已形成了三大管理体系：以“八个统一”、“三大管控模式（即投资模式、赢利模式和管控模式）”为核心的集团化管理体系，书香连锁酒店企业文化管理体系，ISO9001质量管理体系。

**第三层面是形式文化，包括企业形象视觉识别系统、装饰风格和礼节礼仪等。**

“显化于物”是企业文化建设的重要任务。“显化于物”，就是将文化的要求体现到物质载体上和习俗礼仪上。将理念故事化、信念人格化、案例身边化、操作流程化、规定制度化、执行垂范化、平台实物化，营造一种浓厚的企业文化氛围，反复强化企业文化理念，使员工在不知不觉间接受企业文化的理念，时时处处能够感受到企业文化的存在。

书香连锁酒店的形式文化包括：企业视觉识别系统及形象设计，建筑及装饰装潢风格，环境布置，各种固定仪式（如迎宾仪式、升旗仪式、唱店歌、演讲会、员工生日会、员工团拜会等），各类主题活动（书香文化一分钟、美食节、文化节、客户联谊会、慈善募捐、义务献血、义务植树、低碳行动等）以及《书香胥城》店报、《书香连锁酒店》简报、《书香》季刊、《书香连锁酒店》网站、《书香连锁酒店》新浪微博官方网站、宣传栏、荣誉室、员工俱乐部、出版物、书香形象片等内部传媒平台。

## 八、结束语

书香是文化，书香是品牌，书香是我们的光荣与梦想！

## 【专家点评】

# 书香酒店打造品牌创造了宝贵经验

反复阅读《品牌与文化的完美结合——书香文化主题酒店品牌文化建设实例》一文后，感触很深，印象颇佳。虽然没有到过书香酒店集团，但其品牌文化建设的先行先试和成熟成功已铭刻于心。我感到，他们在酒店品牌文化建设上有三个做法值得提倡和借鉴。

一是立意高。书香酒店集团构建品牌文化认识高、意识强、起步早、力度大，富有较强的前瞻性、全局性和创造性。2003 年 8 月，他们创立了书香文化主题酒店，汇集了精英，积聚了资源，提出并逐步形成了自己独特的经营理念和经营特色。其立意高集中体现在“集传统与现代、古典与时尚、婉约与华贵为一体，以 2500 年绵延深厚的吴文化为底蕴，融入了苏州古典园林和建筑之古韵遗风，倡导‘体验生活，品味文化’的现代生活理念，借鉴国际主题酒店的经营理念，以‘斯是陋室，惟吾德馨’为境界，融入了‘恬淡中和、翰墨飘香’的苏州人文精神，是繁荣都市中宁静致远的一方净土。”这里，古今中外酒店文化的高度结合、人和物的高度契合、精神和物质的高度融合，正是品牌和品牌文化的精华和精髓所在。

二是内涵精。书香酒店集团及其书香主题酒店、书香连锁酒店中的“书香”二字，本身就有文气和文采，加上设计者和员工创造性地推出“四美”、“五香”后，就更有“文化味”和“品牌级”了。书香酒店的特征是“四美”，即美境、美居、美食、美德。书香酒店的特色和特点是“五香”，即书香、茶香、食香、熏香和花香。酒店通过藏书颇丰的书吧和配置了书籍、读物的客房及随处可见的字画，让客人体会到红袖添香夜读书的雅趣、雅兴；酒店通过客到有欢迎茶、下午有下午茶、餐前有餐前茶，春夏有花茶、绿茶，秋冬有乌龙茶、红茶，养生有白茶、普洱茶等，让客人感到茶香逸逸，怡然微醺；酒店通过烹调淮扬菜、苏帮菜、杭帮菜以及粤菜、地方菜，形成了四时分明、用料讲究、精工细作、色香味俱全的美食，让客人食香滋滋，珍馐佳肴；酒店通过点燃香炉，使袅袅暗香烘托厅堂居室的雅韵，让客人怡然舒畅、神清气定、消除疲劳、缓解压力；酒店通过花卉装扮环境、美化厅堂与庭院，让客人悠然欣赏、心旷神怡。这“四美”、“五香”，既是书香酒店的特征、特色和特点，也是酒店品牌文化的精致、精彩和精华，有形和无形地平添了酒店品牌和品牌文化的亲和力、吸引力、粘合力、凝聚力、影响力和竞争力。

三是打造实。书香酒店集团对酒店品牌文化不仅设计得好、提炼得好，而且建设得好、践行得好。归纳起来，主要是做到了“五化”。其一，内化于心。他们将企业文化和酒店品牌文化化为每个员工心中共同认可的价值观、思想意识和行为规范。其二，外化于行。他们通过视觉识别系统及形象设计、建筑及装饰装潢风格、环境布置、各种仪式（如迎宾仪式、升旗仪式）、各类主题活动（如书香文化一分钟、慈善募捐）等，不断增强员工和社会对酒店良好的印象、感觉和认同，提升了酒店的知名度、信任度和忠诚度。其三，显化于物。他们将品牌文化的要求体现到物质载体上和习俗礼仪上，将理念故事化、信念人格化、案例身边化、操作流程化、平台实物化，营造一种浓厚的文化氛围，让员工不知不觉地接受文化的教化、感化和转化。其四，固化于制。他们将已取得的文化建设成果用规章、制度固定下来，使员工既有价值的导向，又有制度化的行为规范。其五，动化于行。他们动员和引导员工以谦恭殷勤的服务态度和娴熟高超的专业标准，让宾客感受书香的优雅与温馨；以精益求精的态度和行动，坚持打造完美的书香品质。这“五化”，从一定意义上讲是书香酒店集团打造品牌、建设品牌文化的过程，有一定的规律性、科学性和可操作性，应当肯定，值得推广。

祝愿“书香”飘万里，宾客遍八方。

**点评专家**：中国文化管理学会企业文化管理专业委员会

理事长　研究员　　郑启清

## 【北京临近空间飞行器系统工程研究所企业文化案例】

### 企业简介

北京临近空间飞行器系统工程研究所是我国航天产品总体研究所。作为一个综合性、多学科性、前沿基础科学研究与航天工业应用紧密耦合、技术力量雄厚、数字化设计手段先进的总体研究与系统集成的研制开发单位，该所拥有临近空间飞行器总体设计、控制、环境、仿真等几十个研究设计专业。多年来，始终高度重视企业文化建设及相关理论的研究。

# 管理方法应用与企业文化建设内在关系探寻

北京临近空间飞行器系统工程研究所

张晓赛　戴育雷

在企业的建设过程中，究竟我们做的哪些工作属于管理，哪些又属于文化建设？此二者是否根本相同，抑或存在较大区别？它们的关系如何，是彼此促进，还是相互消减？尽管这些问题长期以来一直困扰着人们，但也并未得到足够的重视。然而我们认为，当我们能够清晰认知其中规律并有效解答这些问题时，管理和企业文化的作用也将得到更大程度的发挥。以此为目的，我们通过揭示“一种成系统的管理方法是如何在企业文化形成过程中发挥作用”，以及“文化是如何支撑一种管理方法成系统现实运作的”等一系列深层次规律，创新性地构建形成了“管理方法应用与企业文化建设的内在关系模型”。在本文中，我们将以学习型组织建设为例，对这一企业文化理论研究的重要成果进行阐述。特别需要指出的是，在这里，我们对文化一律作广义理解，即认为文化是指人类创造的一切物质产品和精神产品的总和，其构成要素包含物质文化、社会文化和精神文化三项。

## 一、作为成果存在的文化

我们认为，运用学习型组织理论对组织（企业微系统）进行管理的过程，不仅与一个知识沉淀和创造的过程相当，更等同于一个文化创造和形成的过程。这一论断的得出是建立在两个重要的理论前提之上的。

### （一）理论前提

#### 1. 文化与知识的紧密关联

"那些被人们认为好的、值得传给下一代的知识"构成了他们的文化，这些知识也将被称为"文化知识"。因此，"文化可以看作是一些分布的知识构成的网络，这些知识为某个群体所特有。"知识与文化间的紧密关联使我们能够应用"知识"相关理论去研究和理解学习型组织中文化与思想、行为等的关系。

#### 2. 知识

"知识是人际间个人信念朝'真实'的方向实现验证的动态过程。"从存在状态角度上进行划分，知识可以被分为暗默知识（难于进行形式化，也难以进行交流）和形式知识（由形式、系统的语言表达，可以进行传递）两类。

"人类知识是通过暗默知识与形式知识之间的社会化相互作用而创造和扩

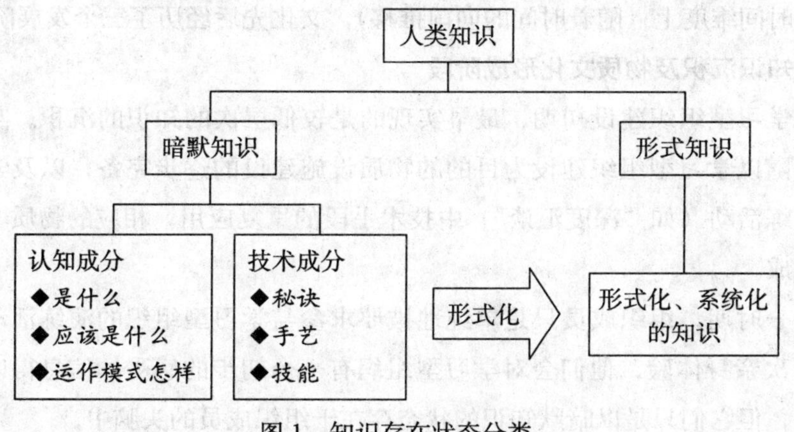


图 1 知识存在状态分类

展出来的。"有四种模式：从暗默知识到暗默知识的"共同化"；从暗默知识到形式知识的"表出化"，从形式知识到形式知识的"联结化"；从形式知识到暗默知识的"内在化"。

文化社会心理学认为，"人们如何在特定情境中使用文化知识可能取决于在该情境中适用的文化知识的类型。"并以知识表征为标准对知识进行了分类，即区分为程序性知识（知道如何做）和陈述性知识（知道是什么）。

这两种不同的分类方式将被用以说明文化在学习型组织建设中的逐步演进和形成过程。

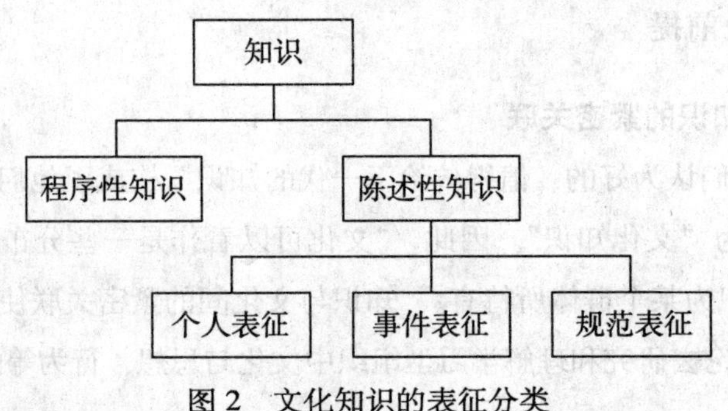


图 2　文化知识的表征分类

## （二）学习型组织建设中的文化形成过程

我们认为，文化在学习型组织建设中的形成过程，是呈螺旋上升趋势的。将这一螺旋模型由正上方纵向切开，得到其侧切面图如下页图 3：

在时间维度上（随着时间的向前推移），文化先后经历了三个发展阶段：

### 1. 知识沉积及物质文化形成阶段

在学习型组织建设初期，最早实现的是较低层次的知识的沉积。与此同时，伴随以学习型组织建设为目的的物质设施建设的逐步完备，以及学习型组织演练活动（如"深度汇谈"）中技术手段的重复应用，相应的物质文化也得以形成。

这一时期，组织成员只是单纯地被要求参与学习型组织的演练活动。借助一两次亲身体验，他们会对学习型组织有一个初步的感受。信息得以转化为知识，但它们只是以暗默知识的状态存在于组织成员的头脑中。

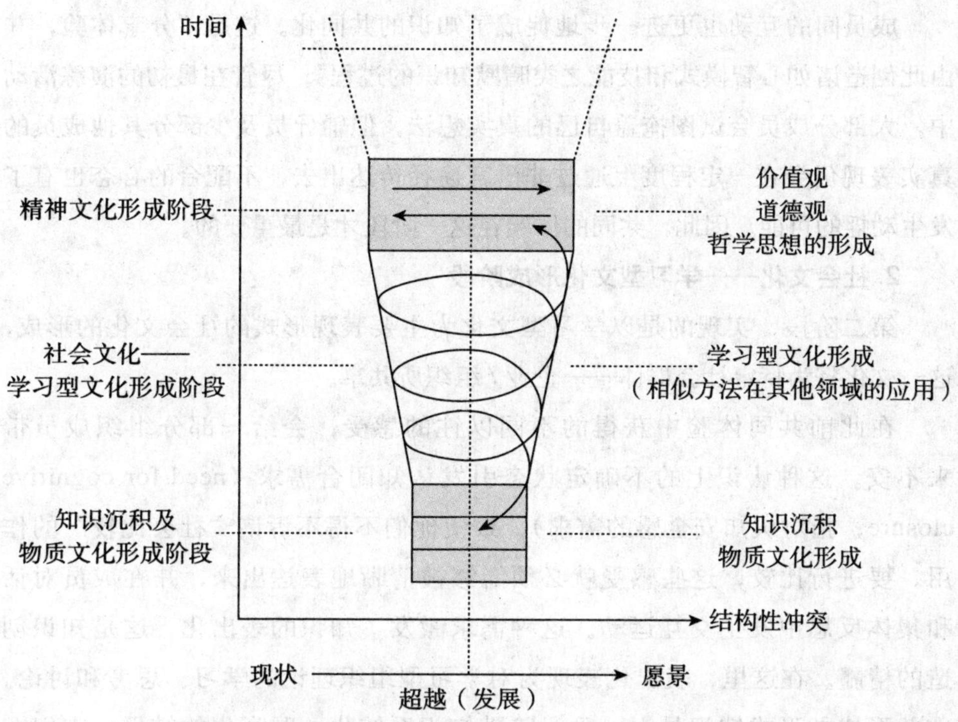


图 3 学习型组织建设中的文化形成过程（侧切面图）

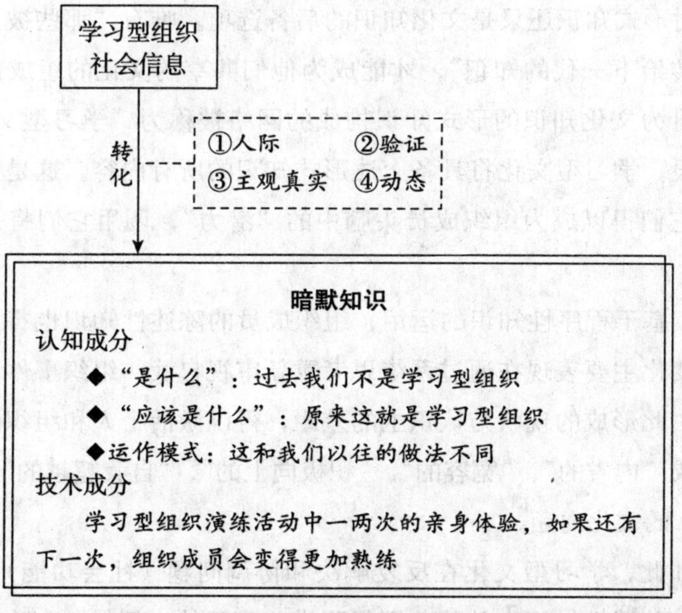


图 4 知识沉积及物质文化形成阶段信息向暗默知识的转化

成员间的互动也更进一步地促成了知识的共同化。这是“分享体验，并由此创造诸如心智模式和技能之类暗默知识的过程”。尽管在最初的演练活动中，大部分成员会试图掩盖自己的真实想法，但辅导员及少部分其他成员的真实表现仍会在一定程度上通过非语言途径传达出去，不配合的心态也有了发生动摇的可能。因此，共同的体验在这一阶段才是最重要的。

**2. 社会文化——学习型文化形成阶段**

第二阶段，实现的是以学习型文化为主要表现形式的社会文化的形成，这一文化将为特定社会群体——企业 / 组织所共享。

在此前共同体验中获得的不同以往的感受，会给一部分组织成员带来不安。这种认识上的不确定状态引发认知闭合需求（need for cognitive closure，指对认知安全感的需求），致使他们不得不诉诸“社会比较”的作用。要进行比较，这些感受就必须能够被清晰地表达出来，并在成员对话和集体反思中发生交互运动。这种需求激发了知识的表出化，这是知识创造的精髓。在这里，表出化表现为对学习型组织理论的学习、思考和讨论。由此形成的形式知识是上一阶段暗默知识系统化、明晰化的结果，它们在内容上是对应的。

但此时形式知识还只是文化知识的后备选项。唯有“那些被人们认为好的、值得传给下一代的知识”，才能成为他们共享的文化的组成部分。在这里，由荣升为文化知识的形式知识构成的网络被称为“学习型文化”。基于乐观的假设，学习型文化将具备上述形式知识的所有内容。这是知识内在化的结果，它们得以成为组织成员头脑中的“潜力”，调用它们将是一件自然而然的事。

同时，基于程序性知识的运用，组织成员的陈述性知识也将发生相应改变，这些变化主要表现在通过系统思考重新审视自我、组织事件和组织运行规则上，由此形成的现状与认识上的差距，得以激活个人和组织的自我超越结构，形成“内省的”、“宽容的”、“积极向上的”、“自我超越的”，以及“追求成功的”的文化内涵。

不仅如此，学习型文化在反复解决和协调问题（社会功能）的过程中，其程序性和陈述性知识在其他范围得到进一步延伸。例如，在陈述性知识的

暗默知识
认知成分
◆"是什么"：过去我们不是学习型组织
◆"应该是什么"：原来这就是学习型组织
◆运作模式：这和我们以往的做法不同
技术成分
学习型组织演练活动中一两次的亲身体验，如果还有下一次，组织成员会变得更加熟练
表出化
形式知识
程序性知识
学习型组织中五项修炼的运作模式
陈述性知识
◆个人表征：一套与组织角色和学习型组织期望相关联的自我特征
◆事件表征：学习型组织及其演练活动的相应特征
◆规范表征：学习型组织的运作规范（即能够判断行为是否与学习型组织规范相符）

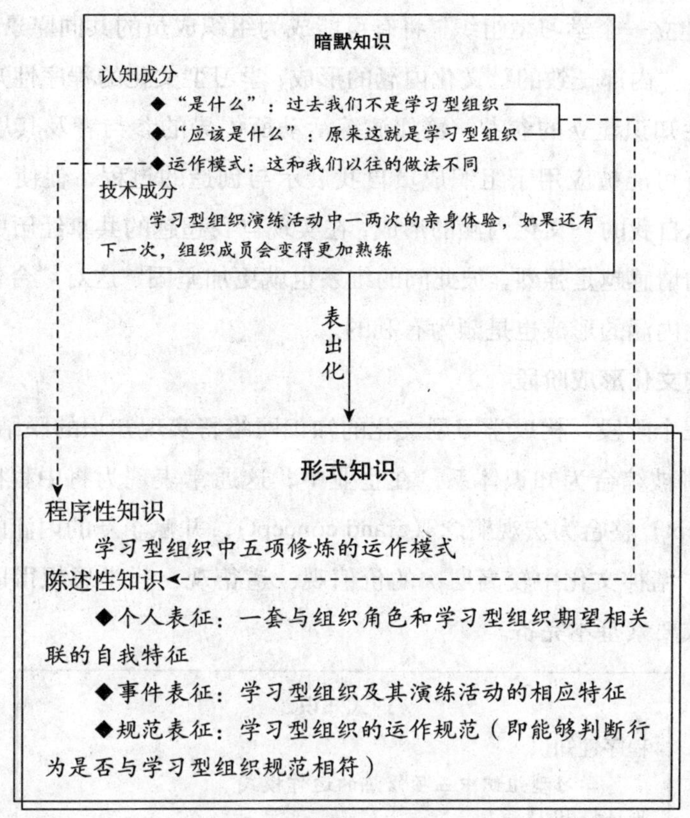

图5　社会文化——学习型文化形成阶段暗默知识向形式知识的转换

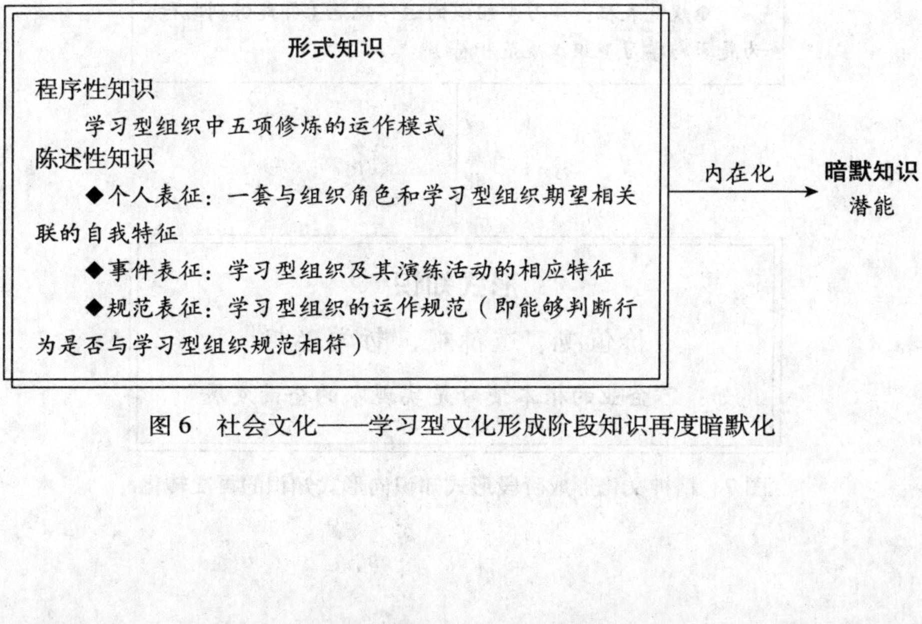

形式知识
程序性知识
学习型组织中五项修炼的运作模式
陈述性知识
◆个人表征：一套与组织角色和学习型组织期望相关联的自我特征
◆事件表征：学习型组织及其演练活动的相应特征
◆规范表征：学习型组织的运作规范（即能够判断行为是否与学习型组织规范相符）
内在化
暗默知识
潜能

图6　社会文化——学习型文化形成阶段知识再度暗默化

指导下，“建立一个学习型组织”将有可能成为组织成员的共同愿景，促使“遵守规则的”、“内部一致的”文化内涵的形成；学习型文化的程序性知识将成为其他程序性知识建立的参考，譬如演练活动所倡导的参与者及其思想的平等地位，将有可能被应用于组织成员自我展示与创造的过程，促使“鼓励创造的”、“展示自我的”文化内涵的形成；在实现自我超越的共享经历中，组织成员间共享的情感越是强烈，彼此间的维系也就更加坚固，这对“合作的”、“互爱的”文化内涵的形成也是颇为有利的。

**3. 精神文化形成阶段**

在第三个阶段，构成学习型文化的知识网络将实现知识的联结化。期间，相关知识将被综合为知识体系，在企业中，这通常表现为将中程概念（mid-range concept）整合为宏观概念（grand concept），并赋予新的内涵的行为。宏观层面上，精神文化中较高层次的价值观、道德观、哲学思想得以形成，企业文化构成要素基本完备。

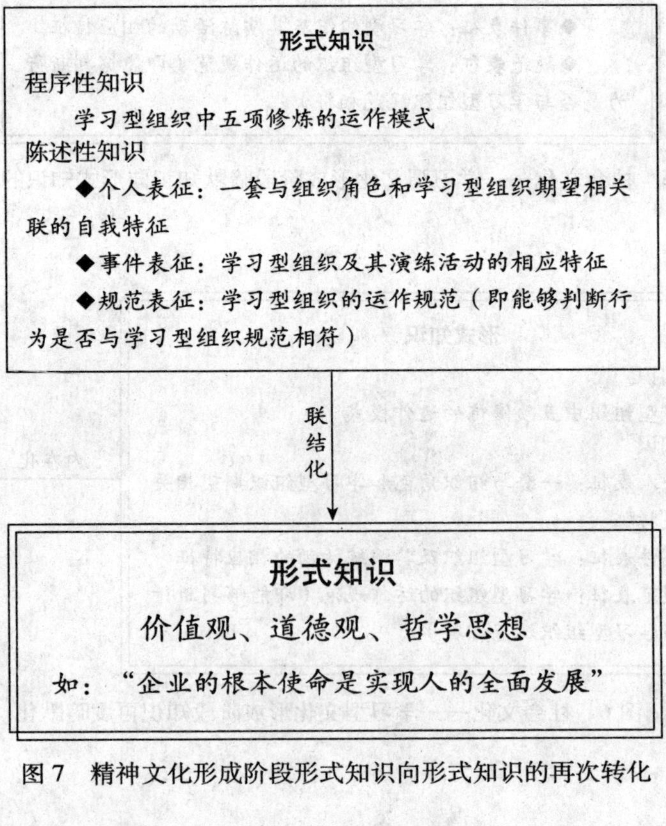

**形式知识**

程序性知识

学习型组织中五项修炼的运作模式

陈述性知识

◆个人表征：一套与组织角色和学习型组织期望相关联的自我特征

◆事件表征：学习型组织及其演练活动的相应特征

◆规范表征：学习型组织的运作规范（即能够判断行为是否与学习型组织规范相符）

↓ 联结化

**形式知识**

价值观、道德观、哲学思想

如：“企业的根本使命是实现人的全面发展”

图 7　精神文化形成阶段形式知识向形式知识的再次转化

值得说明的是，虽然我们进行了阶段划分，但文化形成实际是一个不可分割的持续过程，其中任何一个阶段都不排除文化三个构成要素的并存。

## 二、优先作为条件存在的文化

### （一）学习型组织理论的进一步概括

为了看清支撑学习型组织理论现实运作的前提和基础，这一次，我们将之前的螺旋模型由侧面横向切开，得到其横切面图：

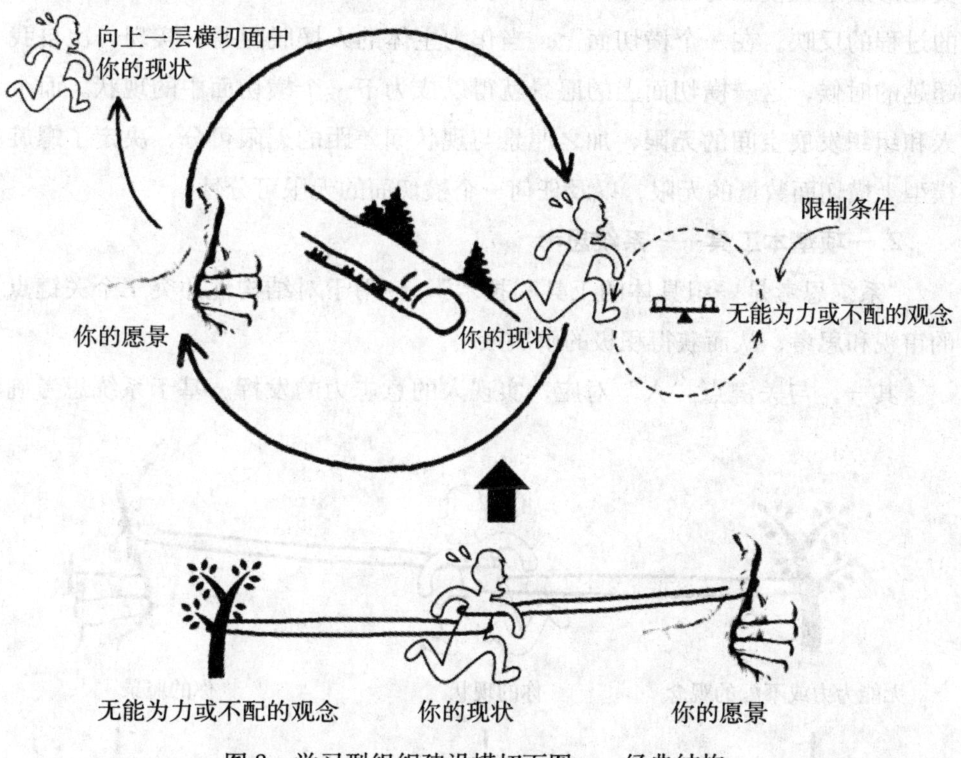


图 8　学习型组织建设横切面图——经典结构

在螺旋模型的任何一个横切面上，我们都将得到结构性冲突维度（参考图 3）上的同一种变化过程。它可借助于学习型组织理论中的结构性冲突予以表现，且包含学习型组织建设（五项修炼）的全部内容。

我们认为，学习型组织建设可以概括为一个经典结构、一项基本工具和若干具体方法紧密结合、共同作用的结果。

学习型组织建设 = 一个经典结构 + 一项基本工具 + 若干具体方法

公式 1　学习型组织理论的进一步概括

**1. 一项经典结构——结构性冲突**

用以反映和剖析自我超越过程的经典结构——结构性冲突是学习型组织建设的主体结构，由三个关键点组成，即“人”、“愿景”和“阻碍”，并相应地体现为“你的状态”、“你的愿景”和“无能为力或不配的观念”。我们认为，文化形成过程模型的螺旋上升形态，实际就是个人和组织不断实现自我超越的过程的反映。在一个横切面上，当作为主体的人摆脱阻碍，实现一次自我超越的时候，这一横切面上的愿景就得以成为下一个横切面中的现状。而个人和组织发展空间的无限，加之愿景与现状间差距的无限可分，决定了螺旋模型上横切面数量的无限，以及任何一个横切面的无限可分性。

**2. 一项基本工具——系统思考**

“系统思考是一组具体的工具和技术”，应用于对结构性冲突三个关键点的审视和思考，从而获得积极的解决策略。

其一，与关键点“人”对应，实现人的意志力的发挥。基于系统思考确

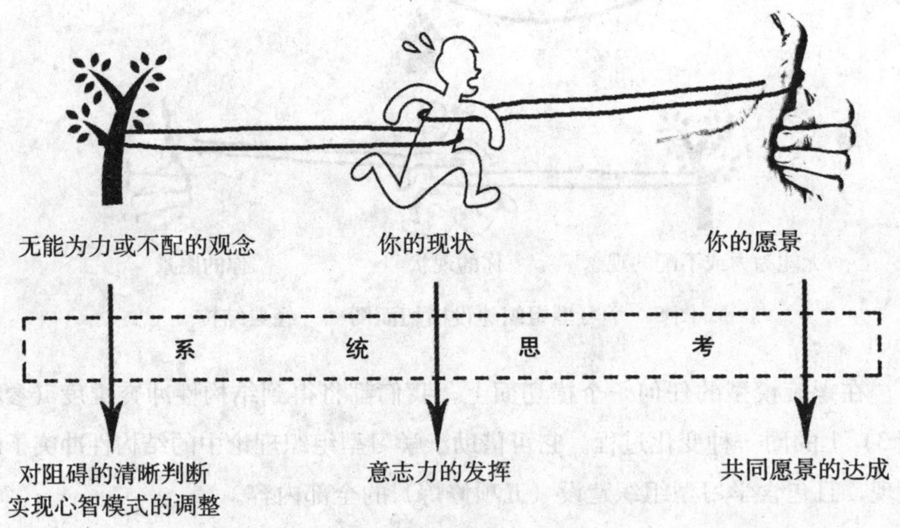


图 9　系统思考的作用

立起来的意志力，作为一种产生于主体内部的前驱力，能够减少降低愿景、操纵冲突等消极策略被应用的机会。

其二，与关键点“愿景”对应，实现共同愿景的形成。系统思考能够帮助人们从全局出发思考问题，把握各职位间的关系，使个人愿景得以转化为更加坚定的共同愿景，并由此获得相应的责任感。

其三，与关键点“阻碍”对应，实现对由“无能为力”、“不配或不相称”等深层观念产生的阻碍的清晰判定，以及由此而来的人的心智模式的调整。从而降低远离愿景的拉力。

**3. 若干具体方法——深度汇谈等**

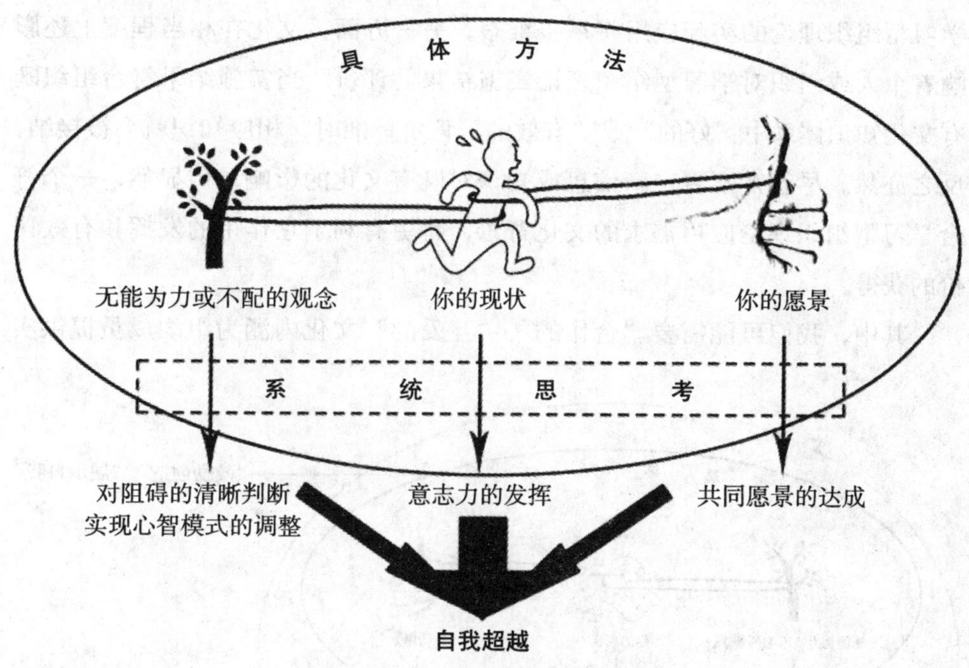


图 10 经典结构解析

学习型组织建设的具体操作方法，是使系统思考及其结果得以实际应用的主体、时空、运作形式等具体条件。通常，意志力的建立和心智模式的调整需要持之以恒的反复修炼，共同愿景更要接受实践的不断检验。这些具体方法中的若干项，加之一项经典结构和一项基本工具，即构成了螺旋模型一个横切面上的全部动作。

## (二) 文化对学习型组织建设支撑作用的发挥

"社会文化——学习型文化形成阶段"，以形式知识形态存在的学习型组织理论，能否获得"好"或"有效"的评价，荣升为文化知识，在相当程度上还受到环境的影响。这里仅重点讨论其文化背景。

### 1. 作为支撑的文化背景

在学习型组织建设过程中，文化发挥着评价标准的作用，决定着该理论的进入机会和接纳机会。具体而言，文化一方面决定着学习型组织理论是否有机会得以实施并接受检验，以及这样的机会概率有多大。组织成员相应的技能和能力的发挥必须依赖于一定的社会因素和情感因素，当条件不足时，学习型组织理论的实际应用将举步维艰。另一方面，文化在相当程度上还影响着个人或组织对学习型组织理论实施结果的评价。当实施结果符合组织既有文化知识体系中"好的"或"有效的"评价标准时，相应知识就会被接纳，反之亦然。尽管并不否定新信息或知识对既有文化的影响，但显然，一个符合学习型组织理论应用需求的文化背景，将更有利于它作用的发挥和有效评价的获得。

其中，我们可能需要"合作的"、"互爱的"文化内涵为组织成员提供实

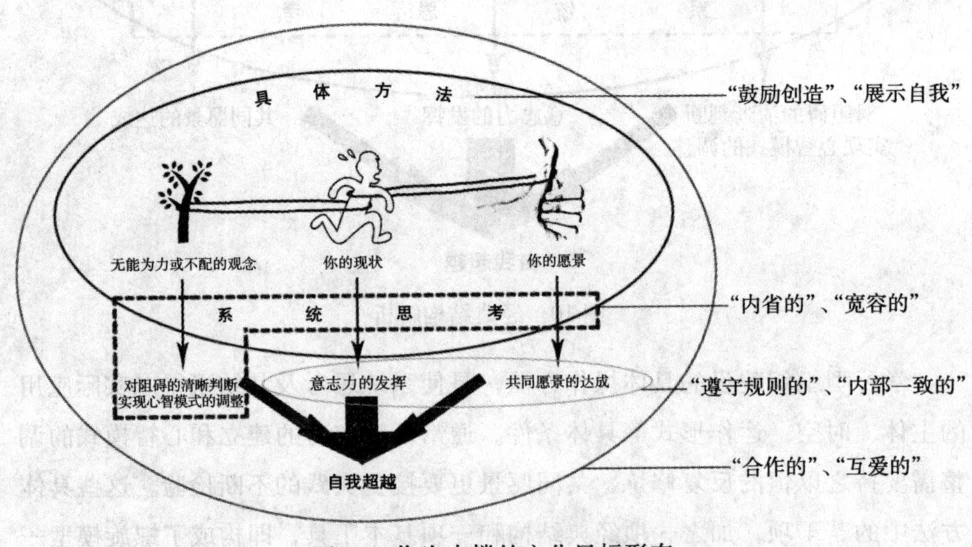


图 11　作为支撑的文化目标形态

施学习型组织理论、追求自我超越的安全感，以及相互支撑、促进的合作关系；需要“内省的”、“宽容的”文化内涵支持组织成员学习应用系统思考的方法，鼓励他们正视心智模式，并勇敢地进行反省和调整；需要“遵守规则的”、“内部一致的”文化内涵支持系统思考的结果，强调共同愿景的形成和意志力的发挥；而以“鼓励创造”、“展示自我”为主要内涵的文化，则为深度汇谈等具体方法的实施提供了相应的文化平台。这些文化内涵相互结合，构成支撑螺旋模型任何一个横切面的文化背景，为该切面上个人或组织自我超越的顺利实现打下了伏笔。

**2. 作为成果存在的文化与作为背景存在的文化的流动**

基于文化形成渠道的多样性，以成果形式存在的学习型文化并不构成支撑学习型组织建设的全部文化背景。借助下图可以清楚地看到发生在两者之间的流动。由此，我们可以进一步得出这样的结论，即学习型组织建设是企业文化建设中的一环。

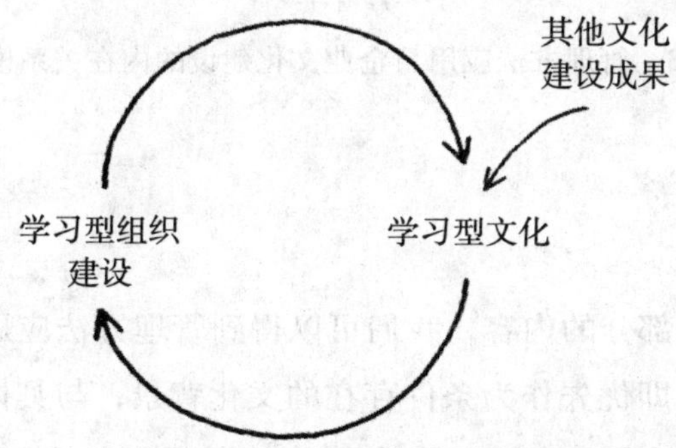


图 12　作为成果存在的文化与作为背景存在的文化的流动

**3.“场”的引入**

为了更加直观、透彻地进行说明，我们引入“场”的概念，并认为这种（文化的）“场”是由文化目标形态与时空结合而成的，即文化背景是以某时某地具体的文化表现形态来实现对每一个自我超越过程的影响和作用的，而非抽象的状态。“场”的概念可用以下公式表达：

场 = 时空 + 文化 = （时间 + 空间） + （物质文化 + 社会文化 + 精神文化）

公式 2　文化的场

如图 13 所示，“场”不仅支撑着由各个横切面上自我超越过程组成的整个学习型组织建设过程，同时还支撑着学习型组织建设中的整个文化形成过程。

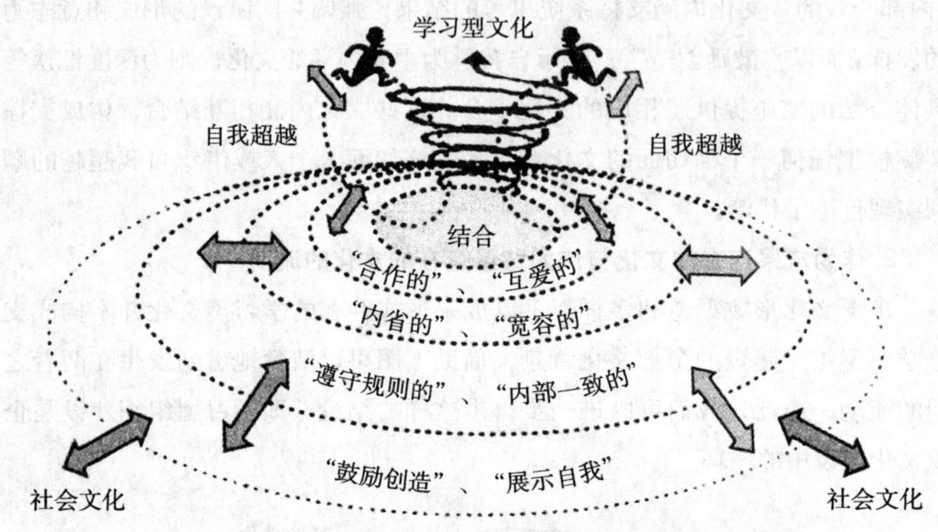


图 13　管理方法应用与企业文化建设的内在关系模型

## 三、总结

结合第一、二部分的内容，我们可以得到管理方法应用与企业文化建设的普遍关系模型。即优先作为条件存在的文化背景，与具体的时空结合，构成支撑某种管理方法得以应用和接受检验的“场”。在“场”的支撑下，管理方法的应用过程形成个人、组织或企业不断上升发展的螺旋结构。它由无限个横向切面构成，其中任何一个切面都是一次发展或超越的结构性反映，并且仍可无限再分。而无限上升的螺旋结构的纵向切面则反映了在一种管理方法应用的过程中所发生的相应文化的形成过程。同时，在一个“场”的支撑下，可以有无数的螺旋结构存在，它们均与不同的管理方法相关。并且，“场”在各螺旋结构之下作为支撑的文化内涵结合状态并不相同（在文化内部并不存在系统的一致性）。更进一步的，一种理想的管理方法运用应是在相应文化背景建设的基础上进行的，并通过这种运用，使形成的子文化进一步促进原有文化背景的建设和修正。

由此，我们尝试着提出一种理想的学习型组织建设路径，并付诸实践：

**表 企业文化建设与一种理想的学习型组织建设路径**

| 文化内涵 | 作用 | 学习型组织建设过程 | 作用 | 对文化内涵建设的促进 |
|---|---|---|---|---|
| 合作互爱 | 支撑 | 结构性冲突经典结构 | 形成 | 共享的情感、人际关系 |
| 内省宽容 | | 系统思考基本工具 | | 学习型文化（子文化） |
| 遵循规则内部一致 | | 系统思考结果的应用 | | 共同愿景、意志力 |
| 鼓励创造展示自我 | | 若干具体方法的应用 | | 平等的地位、自我展示和创造的机会 |

即学习型组织的建设，首先以相应的文化内涵的建设为基础，使（文化的）“场”能够支撑学习型组织理论获得进入机会和接纳机会。其后，再依托学习型组织的建设过程，使其产生的文化成果——学习型文化反作用于构成“场”的各文化内涵的建设，从而形成管理方法应用与企业文化建设之间的良性循环。值得一提的是，我们在实际的管理和企业文化建设工作中更进一步地认识到，尽管以上路径是在理论分析的基础上得出的具有全局指导意义的答案，但各项工作的顺序安排仍应根据现实情况进行具体调整。

## 参考资料

1.《第五项修炼——学习型组织的艺术与实践》，（美）彼得·圣吉著，张成林译，中信出版社，2009 年 10 月第 1 版。

2.《文化社会心理学》，（美）赵志裕、康营仪著，刘爽译，方文校，中国人民大学出版社，2011 年 1 月第 1 版。

3.《知识创造的螺旋——知识管理理论与案例研究》，（日）竹内弘高、野中郁次郎著，李萌译，高飞校译，知识产权出版社，2006 年 1 月第 1 版。

## 【专家点评】

# 企业文化本质研究的新视野

## ——北京临近空间飞行器系统工程研究所企业文化论文简评

当今世界正处在大发展大变革大调整时期，文化在综合国力竞争中的地位和作用更加凸显。在加快转变经济发展方式的历史时期，企业文化越来越成为凝聚力和创造力的重要源泉，越来越成为核心竞争力的重要因素，越来越成为企业发展的重要支撑。

企业文化分野应属于实用科学范畴。相对于社会大文化来说，企业文化是一种比较年轻的文化形态，是现代工业文明的结晶，是当代企业管理理论发展的新阶段。我曾经不厌其烦地说，不要拘谨地理解企业文化，企业文化的全部思考必须基于中国企业管理的实际、企业家和员工的素质和国民社会文化的特点，否则得不出正确的结论。

企业文化理念是一种非常内质性的东西，很难清楚地表达出来，所以有人说理念文化是“道可道，非常道”；但从企业文化建设的内在需要来讲，提炼企业文化理念又是一个必须完成的过程，企业文化理念的先进性决定着实现企业使命和企业愿景的可能性；企业使命和企业愿景的适应性决定着企业发展战略和企业行为的一致性，依据企业使命制订企业愿景，以企业愿景凝聚人心，企业文化理念就像遗传基因控制生命周期一样决定着企业生存和发展进程。

《管理方法应用与企业文化建设内在关系探寻》一文依据和借鉴美、日等专家学者关于企业管理学说和人类社会学说的有关原理，从文化、知识等基本概念入手，引进文化“场”的概念，探寻管理方法应用和企业文化建设的内在关系，力图从新的视角解读企业文化建设的深层次问题，并得出了自己的结论，形成了“管理方法应用与企业文化建设的内在关系模型”，提出了一种理想的学习型组织建设路径，在众多企业文化章疏中别具一格。我历来主张企业文化研究无禁区，倡导研究方法与研究视角多样化。从这个意义上讲，本文的研究成果为企业文化研究开拓了新的视野，增添了一种新的模式，值得祝贺与赞赏，应予肯定与鼓励。

《管理方法应用与企业文化建设内在关系探寻》一文给我们的启示是：企业文化研究与实践必须本着科学精神，敢于提问，敢于质疑，论述应该逻辑严密，结论应该概念严谨。

企业文化本质上是一种管理理论，企业文化建设是一种管理行为，从操作角度看，企业文化建设是一项系统工程。所以，企业文化建设与管理方法之间不存在相生相克的问题，相反，二者之间是同类同融的关系。泰戈尔说过："人类到目前所达成的一点点成就，以及我们所讲过的全部历史，都只不过是未来要展开的一章序曲而已。"（What man has done, the little triumphs of his present state, and all this history we have told, form but the prelude to the things that man yet to do.）企业文化理论研究与实践发展任重而道远。

借文集一隅，祝北京临近空间飞行器系统工程研究所企业文化理论研究与实践同步发展，把理论研究成果尽快转化为企业管理实践成果，把企业文化优势尽快转化为市场竞争优势，全面实现企业发展战略目标。

**点评专家**：中国文化管理学会常务理事

中国文化管理学会企业文化管理专业委员会副理事长

企业文化管理测评专家委员会主任、研究员　　解云天

**【中国寰球工程公司企业文化案例】**

# 企业简介

寰球工程公司2005年6月加入中国石油集团公司以来，按照集团公司明确的业务定位和发展方针，结合科技型工程服务企业的实际，坚持开展团队建设活动，提高职工队伍的思想和业务素质，提升创新能力和协同作战能力，五年来承接并执行了600多项国内、国外大中型项目的咨询、设计、EPC总承包、PMC管理承包、施工总承包工作，实现了五年五大步发展。营业收入、利润总额分别是十一五初期的26倍、13.8倍，连续13年进入ENR全球最大225家国际承包商和最大200家国际设计公司双排名，位居建设部公布的建国60周年全国勘察设计行业“十佳工程承包企业”之首，2010年度全国勘察设计单位项目管理和工程总承包业界排名均列第一。

# 加强团队建设，提升创新与协同能力

## ——关于以团队建设推进企业文化建设的思考与实践

寰球公司

吕印东　万　方

## 一、打造工程建设领域主力军需要高效和谐的职工团队

### 1. 开展团队建设是公司提高工程服务能力，成功执行项目的重要保证

寰球工程公司历经50多年的发展，逐步建立了国际工程公司通行的项目管理体系和矩阵式组织管理体系。

从公司的业务性质看，对于炼化工程建设，无论是单一的设计服务还是工程总承包，都需要多个专业的技术人员共同参与，才能完成技术含量高、工艺复杂、周期长的工程项目。专业之间的上、下游关系和条件关系构成了工程项目的有机整体，决定了各专业之间必须通过协同协作、密切配合和相互支持，才能共同推进工程项目建设。

在公司的矩阵式组织管理体系中，一方面，工程技术人员的行政关系、业务培训等隶属部室，部室负责培养人力资源，为项目的开展储备人才；另一方面，工程技术人员的经验积累、业务专长发挥、业务能力提升需要通过参加项目来实现。因此，来自不同部室、不同专业的工程技术人员组成的项目组，从组建到运作需要一定时间的磨合、融合，最终才能顺利启动并投入运作。

知识型职工，具有独立的自主意识、活跃的思维、多层次的需求等特点，尊重职工的主观能动性、激发创造性，才能把职工的知识、技术、经验转化为生产力，使其自觉、主动地奉献给企业。在科技型企业开展团队建设，培育团队精神，能使职工拥有共同的目标，建立和谐的人际关系，在民主的氛围中增强凝聚力和向心力，为实现团队目标，主动沟通信息和共享知识，共同进步、共同成长，提高工作效率，从而保证工程项目的整体工作卓有成效的进行。

**2. 开展团队建设是营造共享与民主文化氛围，推动技术创新的需要**

国际工程公司的成功经验表明，没有核心工程技术就无法在一流国际工程公司行列立足。创新，需要有民主、平等、和谐的氛围和平台。

高效的团队能够创造宽松的环境，团队成员可以无戒备、较少拘束地进行沟通和交流、共享信息、分享经验和教训，这样，沟通的有效性将会大大提高，创新思维得到激发，技术、管理、经营的新思维、新观点、新思路在这样的环境中孵化、催生。团队内部开放式的讨论、辩论乃至争论，以及批评与自我批评的团队民主氛围，让新技术、新方法通过集思广益得到健康成长。

**3. 开展团队建设是强化企业文化理念认同的重要载体**

公司多种用工形式，不同地域、不同文化背景所形成的多元价值观和文化理念，对形成公司共同价值观带来冲击。没有共同思想，形不成共同的行动，形不成凝聚力、战斗力和竞争力。

心理学家马斯洛说：杰出团队的显著特征，便是具有共同的愿景与目的。

倡导认同公司企业文化理念，并内化为职工自觉的行动，应该在加大宣传教育、培训推广价值理念的同时，通过必要的载体支持，来强化对理念的认同。团队建设的目标、过程使其成为以形成共同思想、共同目标、共同价值等为主要内容的企业文化建设的重要载体。

## 二、管理与引导并举，全面开展团队建设

### 1. 全面推动团队建设活动开展

一是明确了团队建设活动管理的职能部门，并为活动积极创造条件和提供必要的资金支持。二是大力倡导“共举中国石油一面旗，同唱寰球工程一首歌”的大家庭理念和“合作是缘分，都是寰球人”的团队理念。三是加强管理，每年年初，下发团队建设指导意见，提出具体要求，年度末把职工的团队协作精神，列入了360度的绩效考核体系，体现在职工考核中。

### 2. 多层面多形式开展团队建设活动

公司分别在中高层管理人员、新入职职工和新入职职工党员中开展专项团队建设培训。年初、年中通过理念培训和拓展训练开发管理人员的潜能，磨练意志，培养中高层管理团队的团队精神。在每年的新入职职工培训班上，开展业务知识与技能培训，还进行包括学唱公司司歌、新职工入职宣誓、专题党员教育等形式的团队理念培训。

### 3. 基层单位团队活动丰富多彩

面对任务重、项目点多、面广、线长的情况，要求各基层单位在日常工作中，为职工搭建发展平台，开展各种形式的团队文化活动，保证职工身心健康。一是开展各种形式的文体活动，加深了职工之间的相互了解，鼓舞士气，增强了职工的集体荣誉感，提高了部室的凝聚力和执行力。二是坚持以班组为单位开展专业技术培训，针对已完工项目举办项目经验总结会，还把团队建设的形式运用到生产任务的完成中，成立了“党团员突击队”，在日常生产、设计工作和技术创新等方面都充分发挥先锋模范作用。三是加强典型选树，基层班组开展各种表彰，营造人人学先进、争做先进的工作氛围，调动职工工作热情。

## 三、团队建设促进了企业凝聚力和竞争力的提高

**1. 团队建设锤炼工作作风，提高执行力**

团队目标是整个团队成员的最高目标，在共同目标和愿景的指引下，个人团队意识和工作效率的提高带来了集体工作效率的提高，保证了步调一致的行动。经过团队建设洗礼，部门间壁垒被打破，团队成员高度忠诚和信任且配合更加默契，资源、信息成为共享财富，沟通随时随地进行，为生产管理任务的顺利完成和实现公司整体发展创造了条件。保证了独山子千万吨炼油百万吨乙烯项目、缅甸化肥、江苏 LNG 项目等国内外重大项目顺利投产。

**2. 团队建设培养民主创新氛围，促进协调协作**

高效和谐的团队建设使项目成员之间信息沟通快、互相了解深刻、关系和谐融洽，培育了民主氛围。在工作中，信息能充分地沟通，项目组成员能经常从团队得到反馈，并愿意倾听、接纳其他团队成员的意见，主动改进技术与管理方法，保证项目顺利推进。

协调与合作是项目执行过程不可缺少的内容，也是各个专业之间有机结合的必要环节，协调的效果直接关系到项目执行的效果。独山子千万吨炼油百万吨乙烯工作范围广，工作界面多，协调工作量大。项目组及时将项目组成员进行有效的分工，通过有效的协调把各种关系理顺，使大家互相理解，心往一块想，劲往一块使，为项目创造了良好的工作氛围与交流环境，项目组的每位成员的心中都牢记“业主项目的成功，就是寰球的所求”的服务理念和“客户成功，寰球成功，我必成功”的公司精神，全体成员团结一致，取得一个个阶段性胜利。

**3. 团队建设提升品牌形象，为企业创造了无形财富**

开展团队建设活动，增强了公司职工队伍的凝聚力。目标明确、责任清楚、畅所欲言、共同决策、全体参与、团队协作、团队成功至上，使团队取得最后成功，让业主对寰球公司的信任变成一个个项目顺利投产，为公司赢得了前述的多种品牌荣誉。这些荣誉和成绩，不仅代表了上级和社会对公司的肯定，也为公司积累了丰厚的无形资产。

“十二五”期间，寰球公司将瞄准建设国际一流工程公司目标，持续开展

大庆精神、铁人精神再学习再教育活动，大力加强团队建设，当好中国石油工程建设主力军，坚持以“奉献能源，创造和谐”为宗旨，努力建设中国石油旗下的工程服务企业文化。

## 【专家点评】

### 团队文化建设是企业和谐发展的力量之源

详细拜读寰球公司吕印东、万方两位同志《加强团队建设，提升创新与协调能力——关于以团队建设推进企业文化建设的思考与实践》一文后，深受启发，颇受感动。纵观全文，我感到寰球公司企业文化建设，尤其是团队文化建设抓得早、抓得紧、抓得实、抓出了成效。主要特点有三：

一是认识高。寰球工程公司按照集团公司确定的业务和发展方针，综合科技型工程服务企业的实际，坚持开展团队文化建设，着重提高职工队伍的思想和业务素质，提升创新力和协同作战能力，这个思路、出发点和着重点是对的。把开展团队文化建设作为提高工程服务能力、成功执行项目的重要保证，作为营造共享与民主文化氛围、推动技术创新的需要，作为强化企业文化理念认同的重要载体，这个认识也是高的。由于思路对、认识高，所以开展团队文化建设做到了自觉主动、坚持不懈。

二是方法活。寰球公司在推进团队文化建设中既有全面部署、全面推动、全面开展，又有多层面、多形式、多途径的活动；既有管理与引导并举，又有基层丰富多彩的建设与践行；既有年初的计划安排，又有年中的检查督促，年末的考核总结；既有中高层管理人员的带头示范，又有新职工、新党员的积极参与；既有“共举中国石油一面旗，同唱寰球工程一首歌”，又有“合作是缘分、情谊来保证”；既有典型选树、发挥先锋模范作用，又有人人学先进，争当先进的氛围。由于方法活、形式多，所以增强了团队文化建设的吸引力、影响力。

三是成效好。正如文中所讲的，通过团队和团队文化建设，锤炼了工作作风，提高了推广力；培养了民主创新氛围，促进了协调协作；提升了品牌形象，为企业创造了无形财富，增强了企业的凝聚力和竞争力。寰球工程公司自 2005 年 6 月加入中国石油集团公司以来，实现了五年五大步发展；营业收入、利润总额分别是“十一五”初期的 26 倍、13.8 倍，连续 13 年进入 ENR 全球最大 225 家国际承包商和最大 200 家国际设计公司双排名，位居建设部公布的建国 60 周年全国勘察设计行业“十佳工程承包企业”之首，2010 年度全国勘察设计单位项目和工程总承包世界排名均列第一。

团队文化是指团队成员在相互合作过程中，为实现各自的人生价值、为完成团队共同目标而形成的一种潜意识文化，是团队在发展过程中所形成的工作方式、思维习惯和行为准则，包含了价值观、最高目标、行为准则、管理制度、道德风尚等内容。实践证明，团队建设的灵魂和纽带是团队文化，团队文化建设的着重点和着力点是团队精神。从寰球公司建设团队和团队文化的情况看，一个好的团队和团队文化的标准和特征是有机的整体、共同的目标、和谐的关系、民主的氛围、高效的合力、卓越的成果。团队精神主要是集体主义精神、人才竞合精神、忘我奉献精神、支持砥励精神和和谐奋进精神。一位合唱团的指挥说得好，在这个团队里，只有我们，没有我。推进团队文化建设，只有积极主动地寻找共同的目标、共同的愿景和共同的利益，自觉坚定地舍私为公、克己为人、以小保大，那么，员工思想觉悟就会进入一个新境界，企业科学发展就会达到一个新水平。

**点评专家**：中国文化管理学会企业文化管理专业委员会

理事长　研究员　　　　　　　　　　　　　　　　　　郑启清

【中国石油渤海钻探井下作业公司企业文化案例】

# 绿色施工 和谐相伴

## ——中国石油渤海钻探井下作业公司实施井场文化的实践

刘志坚

中国石油集团渤海钻探井下作业公司，是一个集试油试气、钻修工程、酸化压裂、射孔测试、煤层气完井、特种作业及服务于一体的综合性特色工程技术服务公司。

近几年，井下作业公司以科学发展观为统领，按照“转变、发展、和谐”的思路，积极转变传统的发展观念，不断创新发展模式，把实施绿色井场、创建新型的井场文化作为公司协调、可持续发展的一项长期战略任务来抓，较好树立了队伍形象，有力促进了市场开发，提升了公司的竞争力。公司先后荣获中国石油天然气集团公司“企业管理先进单位”、“基层文化建设先进单位”以及河北省“明星企业”、“双文明单位”、“企业文化建设先进单位”和“全国企业文化建设工作先进单位”、“中国企业形象优秀单位”、“中国企业文化创新力十强”等荣誉称号。

### 一、开展“绿色井场”文化活动的背景

所谓“绿色井场”文化活动，就是“以提高员工的环保意识、实现施工现场摆放规范化为突破口，严格执行ISO9002质量体系标准和HSE（健康、安全、环保）管理标准，最终实现原油、泥浆、设备管线渗出液、生产生活垃圾、污水‘五个不落地’和设备、工具、井架、现场用房‘四个见本色’，使施工环境和自然环境得到保护，实现人与自然和谐相处”的绿色战略。

由于井下作业公司公司主要从事油（气）井的试油（气）、作业、修井等工作，长年累月和原油、泥污打交道，且搬迁频繁，劳动强度大，每口井施工多不过两月，少则三、两天，施工现场和设备上难免会出现油污，久而久之，员工便形成了一种思维定式，总认为一线作业队是流动的“吉普赛部落”，施工现场脏点、乱点、差点无所谓，越是这样才能真正体现出石油工人的特色。

针对这种情况，井下作业公司多次深入到施工现场，对所属68个试油、作业、修井队的现场环境、现场管理、现场作业等方面进行了全面检查和深入调研。通过调查，发现存在以下问题：有的干部员工环保意识、健康意识不强，简单地认为，只要把活干好了，什么也就做好了，因而出现了拼设备、拼体力、单纯追求速度、效益的短期行为。面对施工井场脏乎乎、油乎乎这个长期困扰石油企业的一个重要问题，有的干部员工熟视无睹，态度漠然，认为搞试油、作业、修井的工作对象就是原油，成天与油打交道的单位要做到原油不落地，井场整洁、干净，简直太难；有的施工井场脏、乱、差现象严重，存在着安全隐患，员工健康得不到可靠保障。

通过调查，井下作业公司公司党委认为，要进入国内其他油田市场，甚至国际市场，新的游戏规则对企业改革体制、完善机制、强化管理等提出了更高的新的要求。传统的施工作业方式、方法已不能适应全球经济一体化的市场竞争和开放，以“高投入、高消耗、高排放和低效率”为特征的粗放型经济增长格局已经走到尽头。要走出一条经济效益好、资源消耗低、环境污染少的发展之路，必须认真落实“奉献能源、创造和谐”的企业宗旨，牢固树立责任意识，着力建立安全环保长效机制，必须从源头上控制环境污染，减轻末端治理的压力，实现节能、降耗、减污、增效的综合效益，必须摒弃传统的粗放型管理，提升员工素质，改善队伍形象，不能干倒牌子工程，砸饭碗工程。从某种意义上说，企业的品牌和形象就是企业的生命。小而言之，一个施工小队的形象，代表着公司的形象，代表着管理局的形象；大而言之，代表着中国石油的形象，代表着国家的形象。因此，优化工作环境，实施清洁生产，提升队伍形象，是直接关系到提高市场竞争力、实现公司生存和可持续发展的突破口！

## 二、实施“绿色井场”文化活动的主要做法

为把实施“绿色井场”文化活动和加快建设“国际、绿色、可持续”企业的理念，落到公司生产经营的实处，转化为员工的一致认识，井下作业公司公司党委根据调研情况，把实施“绿色井场”文化活动战略作为贯穿每年的重点工作。创造井场文化、培养绿色精神，不断提升员工的综合素质、企业的管理水平，进一步增强队伍的凝聚力、战斗力和竞争力。

员工是企业的主体，组织和吸引员工自觉参与是搞好“绿色井场”文化活动的前提。为此，井下作业公司采取形势任务教育和开展“我为井下添光彩”、“争当文明井下人”、“争做文明企业”大讨论等形式，把转变员工思想观念，引导员工树立危机意识、市场意识、质量意识、服务意识、信誉意识和品牌意识，作为一项重点工作来抓，使员工认识到，自己的一举一动、一言一行，都代表着队伍的形象，都有可能得到或丢失一个市场；使员工明白，市场就是命根子，就是衣食父母，而要站稳市场，就必须塑好形象。在此基础上，出台了《井下作业公司关于开展“绿色井场”文化活动的安排意见》。

方案出台后，井下作业公司按照“先易后难，先简单后复杂”的原则，逐步由“从做不到向做得到，从被动做到主动做”方向发展，成立了由公司党政主要领导为组长的活动小组，采取领导承包、典型引路和科室包点等办法。公司所有党政领导、机关科室有关人员带着责任和任务，深入到各自承包的试油、作业、修井等施工井场，现场督办、具体指导。各施工作业部、项目部也根据实际情况和周边环境，实事求是，因地制宜，投入一定的人力、物力和财力，在一线小队分别选树一个队为示范点，再完善标准，层层推进。

具体操作中，井下作业公司要求每口施工井都要用黄色隔离带圈闭起来，设置醒目的安全标识牌、井场逃生路线示意图、紧急集合点和车辆停放标识、风向标识、限高标识等。营地住房摆放要整齐美观，做到作业区、生活区分开，井场平整、无油污。在作业现场，做到油管桥的摆放与滑道、井口保持水平、整齐，形成一条线，油管、钻杆、抽油杆保证10米一组排列；井口处、油管桥下等容易污染的地方都铺上环保塑料布，给采油树、作业架围上编织袋，做到原油不落地，井架不沾油；值班房、爬犁、发电房都距储油罐、油池

30 米以外，井场备齐的配液罐和污水回收罐也摆放整齐、编有序号；井口操作台由防滑板制成，超过 1 米的设有保护栏；使用的工具和通井机、作业机等设备，也要擦拭干净，露出本色。

## 三、实施“绿色井场”文化活动获得的实效

通过开展“绿色井场”文化活动，井下作业公司公司的环境管理、绿色施工工作走上了科学化、制度化、规范化的轨道。这不仅提高了公司的身价和知名度，而且提高了运行效率，拓宽了市场辐射能力，并发生了可喜的变化。

**管理水平明显提高，基本解决了井场脏乱差现象**。多年来，作业井场的设备、辅助设施积淀了大量油污，失去了原有的色彩，这在很大程度上影响了企业的形象。如今，作业区、生活区被分开，各类标语警示齐全醒目，装备摆放标准规范，作业场地平坦整洁，设备工具显露本色，给人赏心悦目、焕然一新的感觉。改善环境、保护环境形成了共识。许多单位对井下作业公司的这一做法进行检查和观摩时，评价都非常好。

**消除了部分事故隐患**。通过把作业井架、设备和工具上的油污清除干净，露出本色，让施工现场平坦、整洁，施工时就不会打滑，给施工带来方便。通过对井架、通井机、作业机的清洗和检查，也消除了事故隐患。

**培育了企业精神，塑造了优秀的员工队伍**。围绕开展“绿色井场”文化活动，井下作业公司以每年的 7 月 17 日“作业工节”为载体，通过创作《作业工之歌》、编印《员工风采录》和发送慰问信，开辟广播、网站、内部刊物等形式广泛宣传作业工业绩，努力营造尊重作业工、关心作业工、爱护作业工的舆论氛围。

**队伍的精神面貌焕然一新，企业形象得到重塑，市场竞争力得到提升**。目前，井下作业公司相继站稳和扩大了国内石油市场和煤层气反承包市场。奔赴冀东油田施工的队伍，在井场周围遍布盐池、鱼池、虾池和稻田、苇田的情况下，严格遵守“五个不落地”、“四个见本色”标准，做到盐池、鱼池、虾池不受污染，稻田、苇田、油田完美交融，人与自然和谐相处，受到甲方好评；在安徽淮北美国德士古公司煤层气项目施工中，成功地完成了五口井的

完井、压裂、射孔和测试施工。在对 HSE、质量、效率进行三项评分时，获得“AAA”最高作业水平评价，被誉为中国石油试油作业最值得信赖的施工队伍。

井下作业公司通过实施“绿色井场”文化活动，自觉爱护环境、保护环境、让绿色与施工相伴、实现人与自然和谐相处已成为员工的共识，走出了一条生产发展、队伍稳定、生态良好的文明发展之路。企业的凝聚力、吸引力、感召力得到加强，企业文化建设得到发展，取得了良好的经济、社会效益。

## 【专家点评】

### 绿色文化建设急需大力推行

认真学习刘志坚同志撰写的《绿色施工　和谐相伴——中国石油渤海钻探井下作业公司实施井场文化的实践》一文后，深受启发，颇有心得。刘志坚同志阐述的中国石油集团渤海钻探井下作业公司开发的“绿色井场”文化活动，我理解主要是实施了“三个转变”。

一是转变了思维方式。井下作业公司通过分析国际市场、新的游戏规则对企业改革体制、完善机制、强化管理等提出了新的更高的要求，应当从“高投入、高消耗、高排放和低效率”为特征的粗放型方式中，走出一条经济效益好、资源消耗低、环境污染少的发展之路；通过分析一些干部职工存在的环保意识、健康意识不强，对施工井场脏乎乎、油乎乎这个长期困扰石油企业的现象熟视无睹、态度漠然等问题，认为应当改变过去流动的“吉普赛部落”习惯，树立“奉献能源、创造和谐”的企业宗旨，强化“国际、绿色、可持续”的企业理念，实施“施工环境和自然环境得到保护、实现人和自然和谐相处”的绿色战略。

二是转变了工作方式。井下作业公司在开展“绿色井场”文化活动中，改变了一个模式、一刀块、一拥而上的做法，十分注意根据实际情况和周边环境，实事求是、因地制宜，投入一定的人力、物力和财力，在一线小队分别选树一个队作为示范点，有序进行。其突出的特点是做到了“三分”。一是分类指导。公司所有领导、机关科室负责有关人员带着责任和任务，深入到各自承包的试油、作业、修井等施工井场，做到了领导承包、典型引路、科室包点。二是分层推进。广大干部职工按照井下作业公司关于开展“绿色井场”文化活动的安排意见，采取先易后难、先简后繁的原则，逐步“从做不到向做得到，从被动做到主动做”转变，层层推进，步步重效。三是分地落实。在具体操作中，无论是对每口施工井、营地住房、作井现场，还是对井口处、值班房、井口操作台等都有明确要求，都要严格考核，所以“绿色井场”文化活动推进有序，进展顺利。

三是转变了评估方式。井下作业公司通过开展“绿色井场”文化活动，不仅思维方式转变了，工作方式转变了，而且一段过去“GDP”是唯一标准的现象，对公司及基层业绩的衡量标准、评估方式也发生了变化。“绿色井场”文化活动的主要收效是：基本解决了井场脏乱差现象，管理水平明显提高；消除了部分事故隐患，安全生产持续稳定；培育了企业精神，塑造了优秀的员工队伍；企业精神面貌焕然一新，企业形象得到重塑，市场竞争力得到提升。公司先后荣获中国石油天然气集团公司“企业管理先进单位”、“基层文化建设先进单位”和“全国企业文化建设工作先进单位”、“中国企业形象优秀单位”，“中国企业文化创新力十强”等荣誉称号。

综观井下作业公司开展“绿色井场”文化活动的思考、做法和收效，我感到其内涵说明了企业绿色文化建设的情况，“绿色井场”文化活动也可以说是井场上的绿色文化建设。

绿色文化就是环境意识和环境理念以及由此形成的生态文明观和文明发展观。绿色文化是一种人与自然协调发展、和谐共进、能使人类实现可持续发展的文化。它以崇尚自然、保护环境、促进资源永续利用为基本特征。绿色文化包括两个层次的内容：一是环境意识和环境理念，二是生态文明观和文明发展观。当前和今后乃至相当一个时期，建设绿色文化、倡导绿色生活，与每个国家、每个组织、每个企业、每个人都息息相关、关系重大。建设绿色文化，一要树立绿色思想理念，二要推行绿色发展方式，三要落实绿色行为规范。井下作业公司开展“绿色井场”文化活动的“三个转变”，显然是建设绿色文化的先行先试的成功做法，值得肯定和提倡。

祝愿井下作业公司继续走在前面，为创建绿色文化、做强石油企业作出贡献。

**点评专家**：中国文化管理学会企业文化管理专业委员会

理事长　研究员　　郑启清

【中国石油化工股份有限公司广州分公司企业文化案例】

# “企业文化之星”闪耀广州石化

回顾广州石化 30 多年的企业文化建设历程，企业文化实践持续创新，报纸、刊物、视频、展览馆、文体中心办得有声有色，企业文化节、全民健身运动会、职工业余文体活动红红火火。值得一提的是 2008 年底开展的“企业文化之星”评选活动，其不仅是广州石化企业文化实践的一次重要创新，而且是广州石化最具特色的文化工程之一。

## 一、评选“企业文化之星”活动背景

广州石化 30 多年发展史，也是一部企业文化发展史。一期建厂、二期扩建、“双加”改造、兼并乙烯、冠德上市、建设惠州港广州石化码头、千万吨炼油改扩建，广州石化历经一系列大建设、大发展。伴随企业发展，广州石化不断推进文化实践。

2006 年 6 月，公司发布《广州石化“十一五”企业文化建设规划》，由此进入以企业文化建设规划引领企业发展新时期。公司先后举办第五至第八届企业文化节，实施建设厂史展览馆，推行企业文化可视化、故事化、制度化等企业文化工程。特别是 2008 年 6 月推出《广州石化企业文化手册》后，对新提炼形成的 8 大企业文化理念进行宣贯成为公司进一步推进文化实践的关键。

公司认为，选树一批践行这些先进企业文化理念的楷模是最为可行的做法。因为企业楷模是人们心目中崇敬的偶像和有形的精神支柱，用他们的实际行动来告诉人们怎样践行先进的企业文化理念，可以起到事半功倍之效。比如原炼油一部部长邵国强，已经与“严细实恒”的作风紧密联系在一起。怎样践行“严细实恒”，向邵国强学习是最好的选择。在《广州石化企业文化手册》正式推出后，为鲜明地、集中地体现和宣贯先进的企业文化理念，广州石化由此揭开评选“企业文化之星”序幕。

## 二、“企业文化之星”的内涵

历经创业、扩建和发展，广州石化群英荟萃，人才辈出，先后有 300 多名员工被评为公司标兵、劳模、模范党员，20 多人次荣获省、市、集团公司劳模或全国劳模称号。这些先进模范人物是公司广大员工在不同历史时期、不同工作岗位的杰出代表。

“企业文化之星”，则是前述先进人物之中的典型代表。喻之为明星，是因为他们具有稀缺性，他们不仅像社会上的明星一样，在企业内具有较高的知名度，而且还具有较高的美誉度，是企业稀缺的一种资源。

公司界定，广州石化“企业文化之星”，是企业先进文化的体现者，是企业新型文化的创造者、培育者，是企业优秀文化的倡导者，是企业文化建设的激励者，是企业文化践行的示范者。一句话，他们是企业星光熠熠的明星。

## 三、评选“企业文化之星”主要做法

基于对“企业文化之星”的鲜明定位，在评选“企业文化之星”时，公司采取与以往评先不同的做法，在筛选、塑造、评选、表彰等环节进行了改进和创新。

**1. 筛选“企业文化之星”严格遵循四个原则**

（1）先进性原则：入选人员必须是历年先进模范人物，而且代表广州石化先进文化的前进方向。对于“先进性”的认识，公司认为先进性不是一蹴而就，也不是一成不变，过去先进不等于现在先进，现在先进不等于永远先进。因此，对先进人物，要与时俱进，重在看其现在是否仍然先进、经得起时间检验、并对未来仍有较好的示范价值。

（2）大广州石化概念原则：历经多年的重组改制，今日的广州石化与过去的广州石化总厂已有质的区别。体现在先进人物方面，历年获评的先进、劳模的结构已经发生较大变化，故在筛选人选时要尊重历史，要站在大广州石化的角度来审视，入选人员不拘泥于现有广州石化人，只要曾经对广州石化的发展作出贡献，即使现在离开广州石化，只要具备先进性原则的，都在候选人考虑范围。这类人主要有现在已改制分流多年的建安公司的罗晓远，机构已划转中国石化直属机构——国际事业公司的吴小敏等。

（3）广泛性原则：在满足先进性原则的基础上，为便于企业各支队伍、各个专业、各个层面都能找到适宜学习的样板，尽量使候选人具有广泛代表性。经过精心筛选，人选当中有代表广州石化“严细实恒”工作作风的邵国强；有放弃丰足生活，献身祖国石化工业70多岁的技术权威杨志超；有为石化事业鞠躬尽瘁的已故女劳模黄浩辉；有几十年如一日在思想政治工作阵线、企业文化建设道路上无私奉献的吴小敏、马东佑、黄承伟；有改革改制离开广州石化，仍为广州石化建设尽心尽力的罗晓远；有坚持倒班30多年的退休女职工易红梅；有勤政廉洁的领导干部简小工；有立足岗位成材的青年技能人才杨龙。这样的一批群星为企业开展学习先进活动提供多元选择，可以说，每一位员工都可以从中找到合适的典型作为“争先创优”的样板。

（4）宜少不宜多原则：根据“企业文化之星”具有稀缺性、权威性的特点，公司认为首批选出的“企业文化之星”不宜过多。最终推选出14名为候选，最终评定10名为首届“企业文化之星”。

通过以上四个原则来进行筛选，确保选出的候选人既有先进性，又有代表性。

**2. 塑造“企业文化之星”严格以诠释先进企业文化理念为主线**

从企业楷模事迹及特征来看，企业楷模分为“单项楷模”和“全能楷模”。“全能楷模”是在很多方面都有突出的业绩，表现出比较全面的优秀品质，比较全面地体现企业的价值观。但是，由于人的成长、发展受到众多因素的影响和制约，成为超群、杰出的全能楷模者甚少。企业里更多的是“单项楷模”。“单项楷模”的事迹及品行特征集中表现在某一方面，从某一方面体现了企业的价值观。“单项楷模”个性突出、形象鲜明，更易为群体成员所学习和效仿。

“企业文化之星”，既然冠之于“企业文化”之衔，故在先进人物的塑造上，一改以往塑造先进人物大而全或面面俱到的写法，转而以诠释先进企业文化理念为主线，对候选人先进事迹写法进行重新改造。具体主要以新推出的《广州石化企业文化手册》里的八大企业文化理念为主线，对先进人物进行有侧重的定位，如简小工，在确定着重定位其廉洁品质后，在先进事迹的塑造上就以“诚信，崇廉，律己，敬业”的廉洁文化理念来进行定位，如其标题名之为《常在河边走，就是不湿鞋》，为其撰写的颁奖词就写成“他长期在‘危险岗位’上工作，却能做到‘常在河边走，就是不湿鞋。’他是广州石化勤政廉政的典范”。

**3. 评选“企业文化之星”是民主评选的产物**

“企业文化之星”是历年先进人物之中的先进，时至今日，他们之中谁更够资格能被评上“企业文化之星”，不是个别单位、个别人说了算。为确保公正、公开、公平，公司最后决定采取先公示再民主评选的方式产生首届十大“企业文化之星”。

经过严格筛选，从历年先进模范人物中推选出 14 名“企业文化之星”候选人，2008 年 11 月 12 日在《广州石化》报推出 14 位候选人先进事迹专版。6000 多名员工以及近 3000 名离退休职工进行民主投票，最后按得票数最高的前十名选出广州石化首届“企业文化之星”。可以说，十大“企业文化之星”是民主评选的产物，具有较高的权威性，也极具代表性。

**4. 参照“感动中国人物”评选，对“企业文化之星”进行隆重表彰**

2008 年 12 月 30 日，广州石化开展第六届企业文化节闭幕式暨“企业文化之星”颁奖大会。为“企业文化之星”颁奖成为该闭幕式，也是本届企业文化节的最大亮点。颁奖大会参照“感动中国人物”颁奖做法：视频播放“企业文化之星”感人事迹→“企业文化之星”身披绶带上台→宣读颁奖词→领导颁奖→“企业文化之星”感言。

闭幕式专门邀请中国石化集团公司思想政工部副主任俞明康、广东省总工会副主席孔祥鸿、广东省委宣传部调研员路子平、广东省企业联合会会长罗佛光、广州市黄埔区区委常委、宣传部长陈家飞、黄埔区副区长李黎等领导为“企业文化之星”颁奖，这大大提升了本次活动的档次和水平。

舞台专门租用一台大屏幕液晶视屏，同步播放活动全过程，给全场观众以强烈视觉冲击力，获颁奖的“企业文化之星”现场道出获奖感言，大多数观众多为之动容。

动力事业部操作工陈水冰说："10 位文化之星有退休职工，有管理干部，有一线工人，也有改制单位员工，通过他们的事迹诠释企业文化理念，让人感觉文化可观可感。"

获评"企业文化之星"的个人，在感受到个人社会价值实现的同时也深受鼓舞。离开广州石化多年，仍被评为"企业文化之星"，检安公司副董事长罗晓远由衷感慨："广州石化永远都是我温暖的家。"杨龙则表示："企业给予我这么高的荣誉，感谢企业对我的培养，我还要向老前辈多学习。"

## 四、评选"企业文化之星"活动所取得的成效

群星熠熠耀石化。十大文化之星是公司文化建设的又一重大成果，其意义在于：

**1."企业文化之星"的先进事迹，是对广州石化企业文化内涵的极大丰富和最好诠释，是企业宝贵的精神财富**

广州石化企业文化内涵在每个"企业文化之星"的身上都得到了很好的诠释。可以说，是员工自己创造了企业文化。原广州石化副总工程师杨志超作为第一批"开荒牛"，他的名字与"勇于拼搏，永不言败"的企业精神共同锻造，镌刻在广州石化建业的丰碑之上。女退休职工易红梅倒班 32 年，她以朴实的情感和踏实的行动，诠释了坚持与自律的价值。建安公司副董事长罗晓远从一名普通工人成长为经营管理岗位的佼佼者，他的成长历程是"崇德崇才，有才有位"人才理念的最好诠释。原物供中心党总支书记简小工在被人认为是"油水部门"的设备、电力领导岗位到物资供应部门工作 19 年，以无欲则刚的凛然正气，抵制住了金钱腐蚀和利益诱惑，成为广州石化勤政廉政的典范。

**2."企业文化之星"的推出，解决文化落地难的困境**

中国企业文化建设历经 20 多年实践，不少企业存在文化落地难的困境，其成因比较复杂。其中主要有对企业文化认识存在偏差，有组织文化实践不力，没有塑造出践行先进文化理念的先进楷模等等。

《广州石化企业文化手册》推出后，如何使八大文化理念落地？广州石化先后组织了对理念的解释、企业文化故事征集、理念可视化等宣传推广活动。这些作法对宣传推广企业文化理念起到了一定的作用，但缺点是都比较抽象，不够形象生动。

“企业文化之星”的涌现，使广州石化企业文化实践有了重要的、鲜活的资源。“严细实恒”是广州石化的工作作风，这四个字是原炼油一部部长在多年的工作实践中总结提炼出来的，它曾经是炼油一部的管理理念。邵国强是“严细实恒”理念的坚定践行者。由于邵国强带领的炼油一部“三基工作”扎实，从 2006 年开始，广州石化开展了“外学镇海，内学炼一”的活动。目前，“像邵国强一样倒班、一样当班长、一样当工艺员、一样当作业部部长成为大家向他学习的共识。”

在“企业文化之星”中，也有企业文化建设的带头人和领头羊。上个世纪 90 年代初期，时任炼油厂党委书记的马东佑，充分借鉴吸收国际知名公司和国内大企业优秀的企业文化，组织建设炼油厂企业文化，系统提炼了炼厂厂风、职工道德规范等，提出了“炼好每吨油，奉献光和热”的炼油人精神，亲自撰写了雄浑激昂的炼油厂厂歌，在职工中开展“养成教育”，培育炼油精神。

现任国际事业公司广州经营部书记的吴小敏曾参与策划和组织首届企业文化节，参与策划和建设广州石化第一个厂史陈列室。1996 年他倡议并组织实施企业形象策划，确定和规范了厂歌、厂旗、厂徽、厂服及产品商标等，为广州石化企业文化建设做出重要贡献。

30 多年来，摄影协会会长黄承伟为倡导企业文化、宣传企业形象马不停蹄地奔走。2006 年底，已经离岗调研的黄承伟接到筹建新展览馆、图片展厅的任务。他二话没说，放弃了原本搬新家的打算，继续留住石化生活区。在近一年的时间里，他反复从数万张图片中检索适用的图片，为企业留下了一大批珍贵的历史图片，为新展览馆顺利建成立下汗马功劳。

马东佑、吴小敏、黄承伟他们为企业思想政治工作和企业文化建设做出了突出贡献，他们为推动企业文化建设的感人故事至今仍具有重要的示范价值。

**3.“企业文化之星”的感人事迹，是激励广大员工向“国内领先，国际一流”企业愿景奋进的强大动力**

榜样的力量是无穷的。原仪修厂黄浩辉将“责任”两个字看得比自己的生命还要重。她一心扑在工作上，一刻也没有停息。她办理退休手续的当天，办理了入院手续，就再也没出来。黄浩辉走了，就像蜡烛，燃烧了自己，照亮了别人，她的事迹一直在职工中传颂。十年过去了，她为石化事业鞠躬尽瘁的精神，让大家时常会想起她。

1987年，杨志超患恶性肿瘤。经历一年多的艰辛的治疗，幸运地与死神擦肩而过。不想出院半个月，他不顾家人和医生的反对，主动请缨承担溶剂脱沥青装置3台主要的配套大功率溶剂泵的改造任务。此后20多年，杨志超似乎忘记了自己得过肿瘤病。退休至今，很多公司高薪聘请他做顾问，但只要厂里有事需要他回来指导处理，杨志超二话不说，义无反顾就回来一头扎入现场。“只要广石化有需要，我就回来，不谈报酬，一个盒饭就行了！”

“国内领先，国际一流”的企业愿景需要企业一流的人才，一流的精神。“企业文化之星”的感人事迹，是激励员工的强大动力源。化工一部党支部书记陈国锋看完后连说：“很震撼，很感人，很受教育。”孙宜斌是2008年入厂的大学生，他说：“‘企业文化之星’让我加深对企业发展历程的了解，更加坚定立足岗位成才的信念。今天我感觉与企业联系更加紧密。”

**4.“企业文化之星”的评选，锻炼了企业文化建设骨干**

策划“企业文化之星”的评选活动，是广州石化一次文化自觉行动，是一次创举。举公司各方面之力，共襄盛举，是对各方队伍创作实力的一次检阅，诸如文联、体协，尤其文学协会、视频制作人员都得到锻炼，为今后创新文化实践锻炼了队伍。

为撰写好先进人物的事迹、颁奖词及视频制作、晚会主持，公司组织所有参与节目制作人员集体观看《2007年度感动中国人物颁奖晚会》，从中模仿、学习颁奖词、视频制作技巧、主持程序。节目制作人员充分发挥团队精神，通过查找历史资料、采访先进人物及知情人，反复挖掘先进人物的闪光点。

颁奖词具有高度凝练的特点，是对先进事迹的高度升华，创作难度颇大。节目制作人员发挥集体智慧，多人共同创作一则颁奖词，然后从中优选“精彩金句”，并加以优化组合。经过数易其稿，一则则精彩的颁奖词脱颖而出。如赠给杨志超的颁奖词：“自学成材，攀登技术的高峰，始于精益求精的求索；风险面前，一锤定音的胆量，来自千锤百炼的钻研；遭遇癌症，淡然面对的洒脱，源于舍身忘我的敬业。”为杨龙而写的：“英雄莫问出处，他在平凡的岗位潜心钻研，十几年磨一剑，成为解决仪表‘疑难杂症’的高手。”

人物视频短片是“塑星”宣传及颁奖现场必不可少的要素。但由于制作时间紧、任务重，视频编辑人员全体出动，一边挖掘创意、策划剧本，一边物色知情人，抓紧摄制。他们利用视频表现的特点，例如由自行车等道具的特写切入故事，分别描述了处级干部简小工 19 年骑车上下班从不用公车、杨龙把小孩寄存在单车棚回单位参加抢修等场景；搜集运用《我和我的祖国》等优秀背景乐曲；解说和角色配音方面，则分别使用了声线具较强感染力的黄萍、孙峰，还找回退休在家的原石化电视台长蓝蔚明。由于要用到大量的历史视频资料，编辑人员翻遍了数百盒资料库磁带；对找到的素材校正、复原；经糅合多种表现手法，最终使得人物短片成为颁奖现场的重头戏。

## 五、持续开展“企业文化之星”传播活动

2009 年，中国石化颁布《企业文化建设纲要》，要求各直属单位将深入学习贯彻集团公司《纲要》摆在重要位置抓紧抓好。公司将传播“企业文化之星”作为宣贯集团公司《纲要》的重要举措之一，并在做好宣传推广、努力营造群星涌现氛围的基础上，进一步完善造就群星涌现的体制、机制，重点抓了以下工作：

一是继续广泛宣传“企业文化之星”。盘点广州石化企业文化现状，公司认为“企业文化之星”是广州石化一笔重要的精神财富，其价值值得反复挖掘。公司决定通过“挂上局域网，搬进展览馆，写进故事集”等方式，将其固化。“挂上局域网”，就是将“企业文化之星”的先进事迹挂在企业局域网显要位置，使之长期占领员工的眼球；“搬进展览馆”，就是借重新装修展览馆的契机，将“企业文化之星”的相关内容搬进去，使之成为展示企业形象的一大亮点；“写进故事集”，就是把十大“企业文化之星”的故事编选进入《三十八年过去——

广州石化企业文化故事》里，为企业文化培训提供教材。

二是开展“追星”系列竞赛活动。结合公司开展的“为民服务，创先争优”活动，在企业内各个部门、各个专业、各个层面开展“追星”竞赛活动。通过各个层面的比学赶超活动，努力营造学习先进、争先创优的氛围。

三是建立五年一评“企业文化之星”制度。先进模范不是速成的，十大“企业文化之星”是公司多年发展的积淀。在开展追星系列竞赛活动基础上，公司有意识地按“企业文化之星”的评选标准做好先进的塑造工作，使“企业文化之星”候选人的储备、塑造、评选工作常规化，使“五年一评”成为一项长效机制。2013 年是广州石化建厂 40 周年，公司拟在 2013 年开展广州石化第二届“企业文化之星”评选活动，目前开始着手开展筹备工作。

实现“国内领先，国际一流”的宏伟愿景，需要企业涌现更多的英模。广州石化将在总结历年先进模范评选及“企业文化之星”评选活动经验基础上，继续做好“企业文化之星”传播活动，将传播“企业文化之星”打造成广州石化最具特色的文化工程。

## 【专家点评】

### 群星辉映广州石化

——广州石化“企业文化之星”评选活动简析

石化行业如何有效推进企业文化建设？中国石油化工股份有限公司广州分公司（以下简称“广州石化”）以“企业文化之星”评选活动实践成果令人信服地回答了这个问题。

广州石化 30 多年的发展历程，也是企业文化创建的同步发展史，在这个过程中企业文化实践持续创新，报纸、刊物、视频、展览馆、文体中心办得有声有色，企业文化节、全民健身运动会、职工业余文体活动红红火火，特别是近几年来持续开展的“企业文化之星”评选活动，是具有突出特色的企业文化构建策略，已经成为广州石化最具特色的文化创新工程，具有原创性价值和跨行业示范意义。

广州石化“企业文化之星”评选活动的突出特色主要有：

**一、广州石化“企业文化之星”评选活动目的明确。**伴随着企业大建设、大发展，广州石化不断推进企业文化建设，及时发布了《广州石化“十一五”企业文化建设规划》，编发了《广州石化企业文化手册》，大力宣贯凝炼形成的八大企业文化理念，不断提升企业文化创建水平。但如何把企业文化理念落实成为广大员工的自觉行为呢？广州石化公司领导认为，选树一批践行先进企业文化理念的楷模是最为可行的做法。因为楷模是人们心目中崇敬的偶像和有形的精神支柱，用他们的实际行动来告诉人们怎样践行先进的企业文化理念，可以起到事半功倍之效。“企业文化之星”的涌现，使广州石化企业文化实践有了重要的、鲜活的载体资源。

**二、广州石化科学界定“企业文化之星”的丰富内涵。**在创业、扩建和发展过程中，广州石化群英荟萃，人才辈出，先后有300多名员工被评为公司标兵、劳模、模范党员，20多人次荣获省、市、集团公司劳模或全国劳模称号。这些先进模范人物是公司广大员工在不同历史时期、不同工作岗位的杰出代表。“企业文化之星”，则是现阶段先进人物的典型代表，他们不仅像社会上的明星一样，在企业内具有较高的知名度，而且还具有较高的美誉度，是企业的一种稀缺资源。通过科学界定，广州石化“企业文化之星”是企业先进文化的体现者，是企业新型文化的创造者、培育者，是企业优秀文化的倡导者，是企业文化建设的激励者，是企业文化践行的示范者，是企业星光熠熠的明星。

**三、确立了“企业文化之星”评选标准和评选程序。**筛选广州石化“企业文化之星”必须严格遵循先进性原则、大广州石化概念原则、广泛性原则和宜少不宜多等四个原则。塑造“企业文化之星”严格以诠释先进企业文化理念为主线。“企业文化之星”筛选必须公正、公开、公平，经民主评选产生。先进模范不是速成的，十大“企业文化之星”是公司多年发展的积淀。公司建立了五年一评“企业文化之星”制度，有意识地按“企业文化之星”的评选标准做好先进的塑造工作，使“企业文化之星”候选人的储备、塑造、评选工作常规化，使“五年一评”成为一项长效机制。

**四、善用多种载体宣传推介“企业文化之星”。**广州石化把传播“企业文化之星”作为加强企业文化建设的重要举措，在做好宣传推广、努力营造群星涌现氛围的基础上，进一步完善造就群星涌现的体制、机制，通过把“企业文化之星”的先进事迹“挂上局域网，搬进展览馆，写进故事集”等方式，结合公司开展的“为民服务，创先争优”活动，在企业内各个部门、各个专业、各个层面开展“追星”竞赛系列活动，通过各个层面的比学赶超活动，定量宣传推介“企业文化之星”，努力营造学习先进、争先创优的氛围。

**五、注重发挥广州石化“企业文化之星”的榜样效应。**“企业文化之星”的先进事迹，是对广州石化企业文化内涵的极大丰富和最好诠释，是企业宝贵的精神财富。“企业文化之星”的涌现，使广州石化企业文化实践有了重要的、鲜活的资源。“企业文化之星”的评选，锻炼了企业文化建设骨干。榜样的力量是无穷的，榜样的效应是无限的，比如：人们已经把原炼油一部部长邵国强与“严细实恒”的作风紧密联系在一起，怎样践行广州石化“严细实恒”的企业作风，向邵国强学习是最好选择、最佳途径。

综上所述，《“企业文化之星”闪耀广州石化》是一篇既有思想深度、又有实践价值的经典案例，作者以详实的论述深刻揭示了企业文化建设的内涵，在梳理企业文化操作方法的基础上进行整合创新，推出了具有突出特色的“企业文化之星”评选活动，形成了适应发展需要的企业文化理念体系，从理论和实践方面回答了如何建设企业文化和谁来建设企业文化等问题。

群星辉映的广州石化在科学发展的征途上一定会走得更稳、更快、更远！

**点评专家：**中国文化管理学会常务理事

中国文化管理学会企业文化管理专业委员会副理事长

企业文化管理测评专家委员会主任、研究员　　解云天

## 【中国银行西安长安路支行企业文化案例】

# 建设管理文化　实现科学发展

毕洪杰

长安路支行是中国银行陕西省分行在西安城区的一级管理行，现职工244人，辖属十四家对外营业机构，为单位和个人提供本外币存取贷款、理财、国内国际支付、汇款，保险、代收费、外汇实盘等金融服务，至2011年9月末，各项存款104亿元，各项贷款余额67亿元，2011年前9个月实现经营利润1.5亿元，2009年以来累计实现并上缴利润4.94亿元。近几年，长安路支行用文化引导人、用文化提升人、以文化管企业、以文化促发展，走出了一条文化引导、理念领先、服务独特、经营规范、文明兴行、绩效较好的发展之路，始终保持着全面持续科学健康发展的良好局面，支行及辖属机构获得全国金融系统“模范职工小家”、“职工代表大会制度建设示范单位”、“‘创新金融服务、支持经济发展’建功立业先进集体”、“金融五一劳动奖状”、“中国银行业文明规范服务千佳示范单位”、全国妇联“巾帼文明岗”、“全国学习型组织优秀班组”、“全国青年文明号”、中国银行“精神文明建设先进单位”和“职工职业道德建设先进单位”、西安市“文明单位”，行长雷明获得中行“职工职业道德建设先进个人”、陕西省“厂务公开先进个人”等众多荣誉，先后二十余次召开现场会或迎接行内外单位参观交流，支行品牌度强、美誉度高。

## 一、建设管理文化，搭建“认真工作、快乐生活”的平台

中国银行是具有百年文化传承的国有上市银行，建立了以追求卓越为核心价值观的诚信、绩效、责任、创新、和谐的企业文化。长安路支行作为基层行，积极主动探索中行企业文化在基层的实现形式，通过建设自身特色的

管理文化来实现中行企业文化建设的追求目标。

### （一）坚持文化自觉，提升管理理念

秉承中行注重文化建设的优良传统，长安路支行在实践中提升管理理念，以较强的文化自觉，形成自身独特的文化气质。其在管理文化建设中，结合基层行实际，按照理念、机制和活动三个建设的结构，筑起基层银行管理文化的目标指引、框架构造和运行规则的基层系统文化工程，发挥文化的价值导向、科学指引和凝聚功能，支行提出、确立和实施了“认真工作、快乐生活”的文化理念，“民主决策、分级管理、真心沟通、无为淘汰”的管理原则，“业务不断发展、收入不断提高、员工不断进步、幸福指数不断提升”的工作总目标，“存量买断，考核新增，经济鼓励，行政处罚，按月考核，人均排队，争先恐后，末位淘汰”的绩效考核办法等，树立起工作态度与个人幸福相统一、行务公开民主管理与凝聚全员智慧和力量相结合、企业发展与个人进步相一致、推动绩效进步与可持续发展相兼顾的价值观，为长安路支行实现长远科学发展、员工不断进步和幸福指数不断提升，奠定了较为坚实的文化导向、思想基础和科学考核机制。

### （二）立足以人为本，实现共同进步

为把“认真工作、快乐生活”的文化理念，转化为凝聚人心、鼓舞斗志、促进发展、实现幸福的实际功能，注重培育文化因子，努力形成渗透到全员意识中的文化基因。在实际工作中，始终围绕以人为本这个核心，把出台决策、部署创建作为造就文化血脉工程，着力构筑起实现和谐发展、绩效提升的平台。一是始终坚持以人为本、和谐发展的理念，倡导集体荣誉感和团队责任感的思想导向；二是矢志不渝地建设“家文化”，建设“和谐单位”、“和谐家庭”，创建“模范职工之家”；三是着力推行“创建学习型组织，培育知识型员工”建设，倡导调研，强化培训，鼓励全员参加各专业学习和进修，成为各自专业的行家里手；四是实施品牌战略，推行领先理念，不断改进服务，提升中行品牌效应；五是按年度有计划地组织文体活动，加深单位与员工、员工与员工之间的亲和力、凝聚力；六是健全职代会制度，推进民主参与、民主监督、

民主决策工作；七是按照“四好班子”的要求，提高班子向心力、影响力，锻造能组织员工共同为中行事业发展倾心尽力的中层干部队伍；八是严格管理，强化内控，培育合规文化。九是围绕业务发展这个中心，树立科学发展理念，培育绩效文化，提高核心竞争力；十是增强公民意识，培育社会责任感，积极参加社会公益活动等。

### （三）培育共同价值观，确立同一总目标

管理文化的目的在于形成合力、保持活力，本质在于培育单位与员工的共同价值观。长安路支行确立的“认真工作、快乐生活”文化理念和“业务不断发展、收入不断提高、员工不断进步、幸福指数不断提升”工作总目标，把支行的科学健康发展和员工的进步幸福融合成共同的价值观，实现了同一化，把管理文化的导向和凝聚功能转化为现实的工作目标和团队合力，成为实践中国银行追求卓越为核心价值观的诚信、绩效、责任、创新、和谐的企业文化和陕西省分行“创一流服务、做首选银行”目标的具体载体。在管理文化建设中，注重中国银行企业精神的培育、企业形象的树立和集体道德、团队意识的建设。长安路支行已形成了向先进学习、向先进看齐，创先争优、争先进位，创一流服务、做首选银行的工作标准；客户至上、规范服务、建设和谐、奉献社会的服务宗旨；客户第一、服务第一、责任第一、信誉第一的工作追求；积极开发全员的智慧，形成集体的“精神资产”，努力把工作做优做强做大，形成众多的“品牌资源”的工作途径等，把具有长安路支行自身特色的文化理念和工作总目标这个共同价值观，变成长安路支行团队的同一使命。

## 二、健全运行机制，构筑“文化引领、科学发展”的模式

在实际工作中，长安路支行通过企业文化构成的整合和要素的链接，着力构筑“文化引领、科学发展”的管理文化模式。

### （一）加强组织领导，健全运行机制

支行多年来始终重视精神文明和企业文化建设，设创建活动领导小组，

组长由一把手担任，挂帅统抓；各副行长均任副组长，齐抓共管；主管行长统筹协调，负责具体抓好落实；创建活动办公室设在综合管理部，成员由机关各部室主任组成，使创建融条块业务；日常工作由工会专干负责；党团工合力协作同创。辖属基层网点一把手对创建活动负总责。

### （二）融入经营运行，做到相融互促

坚持业务发展和创建工作统一部署、统一检查、统一考评，做到同步共振，相融互促。每年出台由支行党总支提出、职代会通过的年度精神文明建设、文明规范服务以及绩效考核办法的具体指引和实施意见，明确创建思路和目标定位。把创建工作统一纳入综合绩效考核体系，创建活动结果与各单位整体考核指标挂钩，实施每月一检查一考评一赋分一通报制度。作为考核领导班子成员政绩的重要内容，支行党总支每半年、工会每季度对创建工作进行研究，适时召开工会各专门委员会会议，检查进度，改进不足，总结经验，推广先进。

### （三）制订规划目标，注重过程管理

目前，长安路支行已实施完一个《精神文明建设暨企业文化建设四年规划》，第二个《四年规划》正在实施。为推动《规划》的实现，支行每年明确创建工作基本思路，制订具体的目标定位。具体工作中，注重计划措施，强化具体组织。2007 年推进网点转型，实施品牌服务，推行“十个坚持、十个力戒”式服务；2008 年开展科学发展观实践活动，实施奥运服务承诺，进行形象、星级、品牌、质量、价值等五项服务达标；2009 年深入职业道德建设，制订服务工作规划，创建首选银行；2010 年创建学习型组织和星级职代会，组织提升服务创造最佳活动；2011 年开展创先争优活动，提升企业文化竞争力。这些根据《规划》设想，对年度目标进行逐步分层次实施的创建活动，不但有效地朝着《规划》设定的目标前进，而且使以创建为主线的管理文化更加血肉丰满。

### （四）实施分级管理，推行民主决策

长安路支行在工作中，推行“分级管理”和“民主决策”管理方法，使

落实各层级管理者职责与汇集全员工智慧凝聚集体力量相辅相成。党总支提出、职代会通过支行业务发展和管理文化规划、模式、重点、目标等重大决策；行长办公会议审定各条线年度经营和创建方案；实行谁主管谁负责，谁负责谁提出工作办法的层级管理。同时，把民主管理规范化，纳入经营决策、监督和管理体系，并通过行政与工会集体协商、行政一把手与工会主席沟通、条线主管部门与工会职能部门商办、建立与职工座谈交流等制度，构筑民主管理行务公开平台。同时，围绕影响本单位业务发展和员工职业生涯等热点难点问题，深入基层，深入员工，深入实际，开展专题调研活动，做“职工之友”，多方面多层次推动民主管理行务公开工作。

### （五）做到真心沟通，维护职工权益

一是制度上保障维权。坚持职代会制度，出台民主管理办法，确保职工的知情权、参与权和决策权。二是待遇上切实维权。支行工会代表职工签订了职工集体合同和女职工专项集体合同，保障职工合法权益的落实。劳务派遣工是支行的基本业务力量，支行做到派遣工与合同工同岗同酬、同工同福利、同绩效考核，与合同工一样享有平等入会的权利、参加职代会的权利、学习培训的权利、入党评先的权利、竞聘提职的权利等。在中行优秀派遣工三个年度的选聘中，支行积极组织培训、帮助辅导、座谈交流，先后有 50 名通过考试考察，进入合同工序列，有 10 名派遣工进入中级职务，占中级岗位五分之一，为支行的发展作出了贡献。三是在改进上落实维权。一批涉及职工安全生产及职业健康办法的实施，使职工的劳动环境、活动场所得到明显改善，调动了职工的积极性，促进了支行总体目标的实现。

## 三、推进品牌建设，铸就“争先进位、追求卓越”的团队

长安路支行坚持思路清晰、经营有序、特色突出、绩效明显的工作思路，以人为本、大力营造和谐氛围，突出特色、着力管理机制创新，强调文化理念，注重绩效引导，形成具有比较明显特色的经营管理模式，把打造一个品质优秀的群体、建设一个善于探索的集体、培育一个勇于创新的团队、铸就一个

绩效突出的支行作为工作目标。

### （一）创建学习型组织，培育知识型员工

始终将培养人、塑造人、提升人作为主要任务，在建设活动场地、打造学习平台上下功夫，把培育优秀员工作为第一“产品”。支行设置多功能会议室、荣誉室、阅览室，建立职工活动场所、电化教室，开办“文明市民学校”和“大讲堂”，在基层网点建立“职工书屋”，为全员建立学习培训档案，鼓励员工参加专业学习和岗位进修学习，对学习成绩合格、取得毕业证或资格证的按规定给予报销学费并予以奖励。每年组织职工进行集中的技能、礼仪、英语、业务轮训，进行星级柜员晋升评定；每季进行两次业务技能测评和一次业务知识考试，基层网点每月进行两次技能测试，全辖等级手率 88.43%，合格率 100%，四星级以上柜员 25%，五星级柜员 5 人次，一人获得首届五星级柜员金质徽章。2011 年支行在创先争优活动中，成立了“掌飞技能工作室”，进一步培训和提升全员技能水平，努力做到为客户提供方便快捷的优质服务。明确的导向、良好的氛围使全行员工感到了“家”的关怀和温暖，职工学习蔚然成风，积极向上成为职工的主流。全行职工几十次获得再教育学历职称证书，有 AFP/CFP 理财师、企业文化师资格的员工 11 名，支行的理财、保险代理等岗位资格在陕西省中行系统名列第一。

### （二）实施科学考核，促进绩效进步

2008 年时，业务发展遇到瓶颈，支行以学习实践科学发展观为动力，进一步转变观念，适应市场新要求，确立科学发展观念，深刻把握好规律性，解决和突破发展瓶颈，努力再上新台阶。为此，确立了发展优质公司资产业务，大力抓好消费信贷，长期坚持做好中间业务，持续做好负债业务，注重成本核算，进行结构调整，提高贷存比例，实施网点转型，做好战略规划，实现科学发展，形成业务发展特色定位，即零售贷款、铁路贷款、资产支持等优质房地产贷款、总行级重点客户贷款大行。在战略规划上，统筹兼顾，确定重点，即解决好今天吃饭问题，也要解决明天吃饭问题。在业务发展上，发展优质公司资产业务，大力抓好消费信贷，长期坚持做好中间业务，持续做

好负债业务，注重成本核算，进行结构调整，提高贷存比例，做好网点转型，实现新的发展。在实际工作中，始终把经营发展放在首要位置，围绕特色定位，坚持以消贷发展优先、优质资产业务突破，中间业务支持，负债业务支撑的原则，不断扩大市场份额，提升盈利水平。经过努力，业务发展实现新的跨越。零售贷款发展优势扩大，自 2008 年 10 月至 2010 年末已累计投放 22 亿，创历史最高水平。铁路行业稳居龙头，三年（至 2010 年末）已累计投放 20 亿元。房地产行业相继取得突破，取得中行战略合作伙伴万科、万达、绿地等在陕的资产支持类项目。中间业务产品销售红火，营销亮点纷呈，2010 年各项中间业务收入 2920.06 万元，同比增加 624.85 万元，增幅 27.22%。客户培养效果明显，2009 年、2010 年支行大客户数量、当年新增户及增长率，大客户资产量、当年新增额及增长率等指标均名列省行前茅。负债业务增长势头良好，将扩大规模、调整结构、提高市场占比作为负债业务的重点，以争先进位为目标，依托中行网络结算和产品优势，通过劳动竞赛、推进网点转型等，开展多层面营销，有效促进存款业务稳步上升。仅 2011 年初止 2 月 15 日，储蓄存款余额 46.52 亿元，日均新增 2.66 亿元，日均增长率 6.40%，完成考核的 48.53%。各项外币存款余额 7842 万美元，日均新增 1822 万美元，日均增长率 30.32%。

### （三）推行品牌建设，打造金字招牌

长安路支行一直把品牌建设作为业务发展和整体建设的战略举措，经过几年不懈努力，“临柜服务”、“大堂服务”、“客户理财”、“先进单位”、“零售贷款”、“铁路贷款”、“房产贷款”等品牌得到培育和形成。支行制定和实施了基层文明规范服务工作基本标准与程序，一是以规范服务履担行业标准。坚持规范、专业、周到的工作标准，力求达到“四个一流”——服务设施一流，服务品质一流，服务效率一流，服务环境一流；“四个无障碍”——重点窗口服务语言无障碍，刷卡消费无障碍，残障设施无障碍，便捷服务无障碍，努力实现“创一流服务、做首选银行”目标。二是以文明服务承载银行形象。以零投诉、零缺陷、零处罚为最低要求，以 100% 履行服务规范、100% 掌握应知应会、100% 业务技能达标率为基本标准，实施形象、星级、品牌、

质量、价值五类标准化服务，把亲切的微笑送给客户，用规范的礼仪展现风采，以热情的态度传导文明，不断铸造中行良好的社会形象。三是以优质服务铸就中行品牌。推行大堂服务、柜台服务、差异服务、专业服务、特色服务、理财服务等系统服务工程，比服务品质，赛仪态仪表，立规范标杆，实施心系客户、贴心服务的人性化服务，量身定做、按需服务的差异化服务，理财增值、实现共赢的专业化服务，不断创新、勇争一流的品牌化服务。四是以创建活动谱写金融新风。坚持创建规范服务形象窗口，誓让金字品牌熠熠生辉的精神，以人为本，抓员工队伍建设；服务至上，抓形象品牌建设；服务首问，抓细节落实责任；建设和谐，创积极向上氛围；拓展市场，争业务快速发展；携手世园，上规范服务台阶。完善投诉处理机制、健全突发应急预案、提升电化服务水平、宣传金融知识产品、建设合规诚信自律文化。

在“为民服务创先争优”活动中，通过“三亮”、“三比”、“三争”、“三评”，进一步做实服务，做亮品牌。“三亮”：亮身份、亮标准、亮承诺。亮身份，通过佩戴党徽、工号牌、服务卡、设置党员示范岗等形式，强化自我约束，树立良好形象；亮标准，通过张贴公告、设置宣传栏、摆放提示牌等形式，公示各类岗位服务流程和标准，实现规范服务、优质服务。亮承诺，通过展示板、显示屏、宣传栏等形式，公开承诺内容，自觉接受群众监督。“三比”：比技能、比作风、比业绩。比技能，开展岗位练兵、技能比武、能手评比活动，掀起业务竞赛热潮，力求业务技能高水平、业务办理“零差错”。比作风，开展微笑服务、诚信服务、规范服务、优质服务竞赛，进一步促进服务态度、工作作风转变。比业绩，开展岗位明星、服务标兵、星级柜员等评比，看实绩、比贡献，形成比学赶超的生动局面。“三争”：争创群众满意窗口、争创优质服务品牌、以零投诉、零缺陷、零处罚为标准，以100%履行服务规范、100%掌握应知应会和100%业务技能达标率为基本要求。牢固树立全员服务意识，树立一线部门为客户服务，二线部门为一线服务，领导为员工服务，全行为客户服务的思想，本着便民、高效、文明、规范的原则，创新服务产品和流程，建立服务标准体系，设立服务首问责任制，不断提升窗口服务效率和水平，打造“文明单位”、“千佳示范单位”、“党员示范岗”、“巾帼示范岗”等服务品牌，使长安路支行整体服务水平在西安城区银行系统内处于领先位置，在社会上的认可度、美誉度和品牌度不断增强和提升。

## 【专家点评】

### 文化引领铸就卓越团队

#### ——中国银行陕西省分行长安路支行企业文化建设简评

在知识经济时代，现代金融企业作为自主经营、自负盈亏、自我约束、自我发展的独立经济实体，不仅要实现经济目的，还必须以诚信和履行社会责任来实现社会效益，体现自身文化价值，追求利润已不是企业生存的唯一价值。这样的形势促使中国金融企业必须在更高的层面上思考企业文化建设的有关问题，对企业文化重新给予定位，进一步提升对企业文化的理解和认识。

优秀的企业文化可以激发活力、振奋精神、转变观念、提升管理、凝神聚力、促进发展，为企业又好又快科学发展提供有力的文化支撑。

中国银行是具有百年文化传承的国有上市银行，建立了以追求卓越为核心价值观的企业文化理念体系。中国银行陕西省分行长安路支行（以下简称“长安路支行”）作为基层行，积极主动探索中国银行企业文化在基层的实现形式，确立了“认真工作、快乐生活”的文化理念，大力构建“文化引领、科学发展”的管理文化模式，充分展示了长安路支行人的思想深度与实践意义。

品读《建设管理文化　实现科学发展》一文感受到一种很强的文化张力，作者提出了“管理文化的目的在于形成合力、保持活力，本质在于培育单位与员工的共同价值观”的正确论断，具有理论和实践双重意义！在企业文化建设中，长安路支行善用多种载体，坚持以生产经营和管理活动为载体，以群众性精神文明创建活动和文体活动为载体，以企业品牌为载体，以企业平面媒体和网络为载体，积极拓展企业文化建设渠道，不断提高企业文化影响力。长安路支行确立的“认真工作、快乐生活”文化理念和“业务不断发展、收入不断提高、员工不断进步、幸福指数不断提升”工作总目标，把支行的科学健康发展和员工的进步幸福融合成共同的价值观；把管理文化的导向和凝聚功能转化为现实的工作目标和团队合力，成为实践中国银行以追求卓越为核心价值观的诚信、绩效、责任、创新、和谐的企业文化和陕西省分行“创一流服务、做首选银行”目标的具体载体。

特别值得推介的是，长安路支行巧用多种载体，积极拓展企业文化建设渠道，不断提高企业文化影响力，在“为民服务、创先争优”活动中，通过“三亮”、“三比”、“三争”、“三评”，进一步做实服务，做亮品牌。“三亮”：亮身份、亮标准、亮承诺。“三比”：比技能、比作风、比业绩。“三争”：争创群众满意窗口、争创优质服务品牌、以零投诉、零缺陷、零处罚为标准，以100%履行服务规范、100%掌握应知应会和100%业务技能达标率为基本要求。从而为支行发展营造了良好的文化氛围，奠定了坚实的文化基础。

从总体上说，《建设管理文化　实现科学发展》一文从理论和实践方面深刻解答了中国金融企业文化建设的关键问题，长安路支行构建的“文化引领、科学发展”管理文化模式具有行业管理示范意义。

**点评专家**：中国文化管理学会常务理事

中国文化管理学会企业文化管理专业委员会副理事长

企业文化管理测评专家委员会主任、研究员　　解云天

# 后 记

在浩瀚的人类历史长河中，文化史几乎等同于人类发展的历史。企业文化属于工业文明范畴，相对于社会大文化来说，是一种比较年轻的文化形态。因其产生与发展过程较短，不完备的地方甚多，企业文化至今还没有一个如何建设和怎样评价的标准，由于缺乏标准，只能进行模糊评价和判断。表现在具体工作中，企业文化建设更多的是“跟着感觉走”，在“摸着石头过河”中前进，制定关于企业文化管理测评标准实在是应该做而且应该尽早做的事儿。中国文化管理学会企业文化管理专业委员会作为全国企业文化管理的职能部门，制订一部具有中国特色的企业文化测评标准责无旁贷。所以，我们不揣鄙陋，集合我国部分权威专家学者，首先制定了《中国企业文化管理测评标准》(简称COCS标准)，并根据测评实践样本分析，进行了COCS标准2.0版本升级，以更加适应各企事业单位文化建设的实际需求。

改革开放以来，中国的强劲发展吸引了世界众多目光，惊讶于这一历史上从未有过的“如此大规模人群在如此长的时期内保持如此高速、持续的增长”的中国经济奇迹。那场源自华尔街金融风暴引发的全球经济危机使得欧美等原本很强大的企业陷入困境，但中国经济在全球金融危机的影响下仍然保持较高的正增长，这样的发展态势让人们开始重新审视中国的企业、企业家、企业管理和企业文化。同时，党的十七届六中全会关于努力建设社会主义文化强国战略目标的提出也为进一步加强和改进企业文化建设提供了良好契机。本书就是在这样的大背景下编纂出版的。

在本书编辑过程中，得到中华人民共和国文化部有关领导的重视和关注，我们倍受鼓舞；得到中国文化管理学会和国家图书馆有关领导的支持和帮助，我们深受感动；中国企业文化管理测评专家委员会有关专家委员对全书构架提出了中肯的建议，我们深受启发……作为企业文化学者能够参与其中，倍感荣幸。再次向所有关心、支持和帮助我们的朋友致以深深的感谢和真诚的祝福！

在《中国企业文化管理测评标准 2.0》即将付梓之际，内心非但不觉轻松，相反倒有一种沉甸甸的感觉。是啊，与中华民族复兴大业和努力建设社会主义文化强国战略目标的要求相照，我国企业文化建设还有很长的路要走，任重而道远！如果《中国企业文化管理测评标准 2.0》的公开出版发行能够对各企事业单位的文化建设有所裨益和帮助，本书编录的部分案例能够给在企业文化研究和实践岗位上工作的朋友以些微借鉴与启迪，将是对编著者的最大激励和慰藉。

解云天

2012 年 2 月 23 日于北京